sinaveria

IKIGAI

DER SINN DES LEBENS

Die wegweisende Philosophie aus Japan mit der du deiner eigenen Bestimmung folgen und deine Passion mit Leichtigkeit leben kannst!

VON ANASTASIA SCHWARZ

Bibliografische Information der Deutschen Nationalbibliothek.
Die Deutsche Nationalbibliothek verzeichnet diese Publikation in der Deutschen Nationalbibliografie; detaillierte bibliografische Daten sind im Internet über https//dnb.dnb.de abrufbar.

Für Fragen und Anregungen:
info@sinaveria.de

Erste Auflage 2021

Sinaveria Verlag | Fechtenkamp 11 | D-59494 Soest

Covergestaltung: Leonie Krickhuhn www.leos.design

Druck: Amazon Fulfillment
ISBN Ebook: 978-3-98601-027-0
ISBN Print: 978-3-98601-028-7
ISBN Hardcover: 978-3-98601-029-4

Weitere Informationen zum Verlag finden Sie unter: www.sinaveria.de

Vorwort

Woran liegt es, dass die Fälle von Burn-Outs vor allem in westlichen Ländern in die Höhe schnellen?

Wie kann es sein, dass wir so oft gestresst und überfordert von unserem Alltag sind? Wissen wir überhaupt, was wir von unserem Leben erwarten und wohin es uns führen sollte?

Viele Menschen werden diese letzte Frage verneinen. Und das ist keine Überraschung, denn oft gleicht unser Leben einem Hamsterrad, aus dem wir allein kaum ausbrechen können.

Der Alltagstrott hält uns gefangen, für Selbstverwirklichung und das Visualisieren höherer Ziele haben wir weder Zeit noch Kraft. Das meinen wir zumindest... Aber stimmt das wirklich? Ein Blick über den Tellerrand der westlichen Gesellschaft lohnt sich: Andere Kulturen nutzen schon seit Jahrtausenden bewährte Weisheiten, die ihnen zu Sinnhaftigkeit und Zufriedenheit verhelfen. Genau diese Denkanstöße kannst auch du dir zunutze machen. Du wirst erfahren, dass es sogar Hundertjährige in Japan gibt, die vor Lebensfreude und Aktivität nur so sprühen... Und das zurecht! Denn das Leben ist ein Geschenk. Lernen wir gemeinsam, es mithilfe der Philosophie Japans anzunehmen und daraus das bestmögliche zu machen.

INHALT

Einleitung

Was zeichnet ein glückliches, erfolgreiches Leben aus? So viele Menschen es gibt, so viele Antworten wirst du vermutlich finden. Der eine erfährt seine Erfüllung in seiner Familie, der andere in Beruf, Ehrenamt, Hobby oder etwas ganz anderem. Doch mit Sicherheit verbindet diese Personen eine wichtige Sache: Sie wissen, wofür sie leben, haben ein Ziel vor Augen und nehmen ihr Leben entsprechend selbst in die Hand! An diesem Punkt bist du vielleicht noch nicht angelangt, das wird sich aber im Laufe dieses Buchs definitiv ändern.

Einerseits wirst du lernen, mit den kleinen Problemen des Alltags besser umzugehen. Eine gewisse Resilienz und Lösungsstrategien sind erlernbare Mechanis–men, die dir das Leben erleichtern. Sie stehen nicht nur bestimmten Menschen offen, sondern können von absolut jeder Person in ihr Denken und Handeln integriert werden, auch von dir. So kannst du Konflikte bewältigen, ohne deine innere Ruhe zu verlieren. Du stehst über den Sorgen deines Alltags, nicht umgekehrt!

Andererseits geht es aber auch um die Fragen, die die Menschheit seit Anbeginn der Zeit beschäftigen. Der Mensch als Zweifler neigt zu Sinnkrisen und Grübeleien. Was erfüllt mich nachhaltig? Werde ich ein gutes Leben führen? Gibt es einen Lebenssinn und kann ich ihn überhaupt finden?

Und die Antwort lautet: Ja! Denn mithilfe der japanischen Philosophie des Ikigai wird es dir gelingen, die kleinen Herausforderungen des Alltags und die großen Fragen des Lebens anzugehen. Ein für alle Mal findest du selbst heraus, wer du bist, was du von deinem Leben erwartest und wie du es bekommst.

Ikigai – Japanische Lebenskunst

In jedem Kulturraum gibt es einzigartige Konzepte, deren Begrifflichkeiten sich kaum übersetzen lassen. Das trifft auch auf das japanische Wort „Ikigai" zu, welches sich grob mit dem Lebenssinn gleichsetzen lässt. „Iki" ist das Leben, „gai" bedeutet wertvoll sein. Doch wird diese Übersetzung dem komplexen Begriff nicht gerecht.

Man kann sich das Ikigai als eine Bestimmung vorstellen, die in jedem Menschen verankert ist – vielleicht existieren sogar mehrere. Es ist der Grund, weshalb wir jeden Morgen aufstehen, eine Art innerer

Antrieb, der uns motiviert und stärkt. Jedoch stellt sich die Frage, wie wir diese Bestimmung in uns finden. Doch selbst wenn wir diese bereits kennen: Wie integrieren wir sie in unseren Alltag und profitieren von ihr? Oder noch prägnanter: Wie schaffen wir uns das ideale Leben? Die Kenntnis des Ikigai kann uns dabei helfen, unseren individuellen Wünschen und Bedürfnissen nachzuspüren. Allerdings gehst du darüber noch weit hinaus: Gemeinsam mit diesem Ratgeber wirst du konkret auf deine Bestimmung hinarbeiten und herausfinden, welche Handlungen und Angewohnheiten dir dabei helfen können.

Das Finden und Ausleben deines Ikigai beruht auf fünf Säulen. Diese entsprechen einer Geisteshaltung und sind tief in der japanischen Philosophie verwurzelt. Deshalb musst du aber nicht denken, dass sie bloß abstrakte Konzepte sind und nichts mit deiner Lebensrealität zu tun haben! Im Gegenteil: Jede dieser fünf Säulen ist darauf ausgelegt, dein Leben erfüllter und sinnhafter zu gestalten.

- **Klein anfangen.** Jede Reise beginnt mit einem ersten Schritt. Wir lernen, das Leben mit all seinen Freuden wertzuschätzen und geben auch uns selbst die Zeit, in kleinen Etappen voranzukommen. Denn größer bedeutet nicht unbedingt besser.

- **Loslassen lernen.** In materieller wie in mentaler Hinsicht befreien wir uns von Ballast, um einen klaren Geist zu haben und offen für neue Erfahrungen zu sein.

- **Harmonie und Nachhaltigkeit leben.** Innere Balance findest du nur, wenn du auch mit deiner Umwelt ein ausgeglichenes Verhältnis pflegst.

- **Die Freude an kleinen Dingen entdecken.** Wie schaffen wir uns ein lebenswertes Leben, das wir genießen können? Finde heraus, was dich persönlich erfüllt und wie du jeden Tag besser machen kannst.

- **Im Hier und Jetzt sein.** Du klammerst dich weder an Vergangenheit noch Zukunft, sondern nimmst die Gegenwart dank Entschleunigung und Achtsamkeit bewusst wahr.

Fernöstliche Weisheiten

Du bist ein Individuum mit eigenen Wünschen, Erfahrungen und Einstellungen. So einzigartig wie du ist auch dein Ikigai: Es ist perfekt an dich angepasst und gehört zu dir wie dein Fingerabdruck. Das liegt daran, dass dein Lebenssinn nicht statisch ist, sondern sich mit dir gemeinsam weiterentwickelt.

Im Laufe des Lebens ändert sich der Mensch nämlich stetig. In den ersten Lebensphasen fokussierst du dich vielleicht auf deine Ausbildung oder auf deine Karriere, dann wiederum auf Familie, auf das Reisen oder andere Projekte. Alles hat seine Zeit, doch dein Ikigai verschwindet nie, auch wenn es sich in unterschiedlichen Formen zeigt.

Weil es sich jedoch verändert, müssen wir das Ikigai beobachten und uns seiner Existenz immer bewusst sein. Verlieren wir es aus den Augen, bemerken wir vielleicht irgendwann, dass unsere Handlungen nicht mehr zu unseren Wünschen und Zielen passen. Je weiter sich diese zwei Faktoren auseinanderentwickeln, desto schwerer finden wir unser persönliches Glück. Man kann sich das Leben und das Ikigai als zwei verschlungene Wege vorstellen. Zu Beginn ist oft nicht klar, wohin sie führen, aber sie verlaufen im Idealfall immer parallel zueinander.

Dieses Verständnis wurzelt in Japan in der tiefen Überzeugung, den Fluss der Zeit anzunehmen. Veränderung ist unaufhaltsam, weshalb man nicht dagegen ankämpft, sondern diese Strömung nutzt und sich von ihr tragen lässt. Doch obwohl man sich weder in Vergangenheit noch in Zukunft verlieren sollte, können wir sie für unsere Situation in der Gegenwart nutzen.

In der Zukunft liegt das, was wir uns erhoffen, worauf wir manchmal ungeduldig warten. Dein gesamtes Potential liegt noch nicht entfaltet vor dir, die einzigen Grenzen setzt du dir selbst. Wo möchtest du morgen stehen, in einem Monat, in zehn Jahren? Das Ziel in der

Zukunft bestimmt über unsere Prioritäten und Entscheidungen in der Gegenwart.

Aber auch die Vergangenheit kann wertvoll und lehrreich für uns sein. Einerseits reflektieren wir unsere Interessen und Leidenschaften, die wir bereits als Kinder und Jugendliche in uns getragen haben. Es kann passieren, dass wir im Laufe unseres Lebens das Ikigai vernachlässigen. Ein Blick in die Vergangenheit verrät uns, was uns frei von äußeren Zwängen bewegt hat. Zudem können wir aus Erlebnissen und insbesondere auch aus Fehlern lernen. Mit jedem Jahr mehr wächst unser Erfahrungsschatz, sodass wir mit gewissen Situationen in Gegenwart und Zukunft weiser umgehen können.

Zwischen zwei Polen liegt genau dieser Moment, in dem du das Buch liest: Einerseits das *bereits Erlebte*, andererseits das *noch nicht Geschehene*. Die Gegenwart kann sich nur dann frei entwickeln, wenn sie nicht unter der Last der Vergangenheit oder den Sorgen um die Zukunft leidet. Das bedeutet auch: Du bist nicht in deinem Leben gefangen. Jeder neue Moment ist eine Chance, einen anderen Weg einzuschlagen.

Klein anfangen

Staub, der sich anhäuft, wächst zu einem Berg.
– japanische Volksweisheit

Wir haben gelernt, dass das Leben in unseren Händen liegt und wir die Macher unseres Glücks sind. Wunderbar! Doch wo fängt man nun an? Finden wir unser Ikigai am ehesten, wenn wir uns in verschiedene Tätigkeiten stürzen, unzählige Reisen unternehmen, neue Menschen kennenlernen?

Das ist durchaus möglich. Wahrscheinlicher jedoch ist, dass du dich durch deine anfängliche Motivation selbst überforderst und deinem Ikigai nicht näherkommst. Statt nach neuen, aufregenden Projekten zu suchen, lohnt es sich, dein Leben zu betrachten, wie es gerade ist.

Das oben genannte Zitat spricht von einem Berg, dessen Größe auf kleinste Partikel zurückzuführen ist. Diese bilden zusammengenommen seine Grundlage. Tatsache ist aber, dass die meisten Menschen eher auf den Berg am Horizont achten und den Staub unter ihren Füßen vergessen.

Um bei diesem Beispiel zu bleiben: In deinem Leben hast du sozusagen zwei Berge, die ebenfalls aus Anhäufungen bestehen. Diese Anhäufungen sind Verhaltensmuster und Aktionen, die einerseits positiv und andererseits negativ sein können. Positiv ist all das, was dir Antrieb gibt und deine persönliche Entwicklung fördert, also auch der Weg zu deinem Ikigai sein wird.

Negative Aktionen bremsen dich aus oder schaden dir sogar. Letztlich ist dein Leben also die Summe guter und schlechter Momente und Handlungen. Du bestimmst, welcher der beiden Berge größer ist und in welchem Verhältnis sie zueinanderstehen.

Denke nicht in großen Kategorien wie „Arbeit“ oder „Familie“! Stattdessen kannst du einen gewöhnlichen Tag im Geiste durchleben, vom Aufwachen bis zum Einschlafen. Welche kleinen Tätigkeiten tun dir gut, welche nicht? Das ist der Staub, dem du im Alltag wenig Bedeutung beimisst, der aber letztlich über deine Lebensqualität bestimmt.

Vielleicht tut es dir nicht gut, dass du den Tag hektisch beginnst und zu spät aufstehst. So findest du auch später keine Ruhe und verspürst Stress. Unzählige individuelle Faktoren beeinflussen, ob du einen guten oder schlechten Tag hast. Und eine Reihe guter oder schlechter Tage bestimmen letztlich, ob du ein gutes oder schlechtes Leben führst. Folgende Beispiele können dir helfen:

Beispiel: Ernährung

- Achte ich auf meine Zufuhr von Vitaminen und Nährstoffen?
- Konsumiere ich ungesunde Produkte, beispielsweise Zigaretten oder übermäßigen Zucker und Alkohol?
- Fühle ich mich in meinem Alltag manchmal hungrig und kraftlos?

Beispiel: Arbeit

- Erledige ich meine Aufgaben rechtzeitig oder neige ich zu Zeitdruck und Prokrastination?
- Kenne ich meine Grenzen? Kann ich nein sagen, wenn mich eine Aufgabe oder das Arbeitspensum massiv überfordert?

Beispiel: Psyche

- Habe ich echte Auszeiten, also auch ohne Fernseher, Smartphone etc.?

- Kenne ich Techniken, die mir bei Stress oder Anspannung Erleichterung verschaffen?

Die beschriebenen ungesunden Verhaltensweisen sind kein Problem in deinem Alltag? Sehr gut!
Doch mit Sicherheit gibt es dennoch die ein oder andere Kleinigkeit, die du verändern kannst, um dein volles Potential auszuschöpfen und deine Lebensqualität zu steigern. Wenn du dich allerdings in einigen Problemen wiedererkennst: Genau daran werden wir im Laufe dieses Buchs arbeiten.

Womöglich fragst du dich, was dieses kleinschrittige Vorgehen mit deinem Ikigai zu tun hat. Jedoch kannst du dich dem übergeordneten Sinn oder Glück des Lebens nur widmen, wenn du eine stabile Basis in deinem Leben hast. Und diese erreichst du, indem du die ungesunden Verhaltensmuster in deinem Leben identifizierst und an ihnen arbeitest. Unterschätze niemals die Bedeutung des Staubs, der gesammelt die Kraft und Größe eines Bergs erreichen kann. Lass dich aber umgekehrt auch nicht von einem Berg an Lebensentwürfen einschüchtern! Denn letztlich besteht auch dieser bloß aus Staub, aus einzelnen Handlungen und Denkweisen, die du dir aneignen kannst ...

10 KLEINE GEHEIMNISSE FÜR MEHR GESUNDHEIT, SCHÖNHEIT UND WOHLBEFINDEN

Den einen großen Schlüssel zu einem erfolgreichen und ausgeglichenen Leben gibt es wohl nicht. Und so ist dein Ikigai auch vielschichtiger. Eher ist es so, dass du mithilfe vieler kleiner Handlungen auf Erfüllung und Sinnhaftigkeit hinarbeitest. Ob du dich noch auf der Reise zu deinem Ikigai befindest oder schon ahnst, was es sein könnte: Die folgenden Regeln können dir Orientierung bieten und Körper, Geist und Seele zu mehr Ausgeglichenheit und Wohlbefinden verhelfen.

1. Vermeide Stillstand.

Dein Ikigai ist das in deinem Leben, was dir Antrieb und Motivation verleiht. Du hast immer ein Ziel vor Augen, wofür es sich lohnt, nach vorne zu streben. Umgekehrt kannst du es aber auch nicht identifizieren, wenn du dich dem Leben passiv und teilnahmslos hingibst.

Sei offen für neue Erfahrungen und bewahre dir deinen freien und flexiblen Geist. Dazu gehören beispielsweise Gespräche mit inspirierenden Menschen. Und vergiss niemals: Das Leben will gelebt werden!

2. Gönne dir Momente der Ruhe.

Genügend Zeit zum Nachdenken und zur Reflexion tut dem Menschen gut. Wann konntest du zum letzten Mal einen bewussten Augenblick der Ruhe genießen? Tatsächliche Entspannung findet nämlich nicht statt, wenn du dich permanent von Fernseher, Radio oder auch deinen Mitmenschen berieseln lässt.

Einerseits lädst du deinen inneren Akku auf, wenn du Zeit allein verbringst und dich auch geistig auf dich selbst fokussierst. Andererseits kann auch der bewusste Umgang mit Freunden oder deiner Familie erholsam und entschleunigend wirken. Wichtig ist nur, dass du deinen Alltag hinter dir lässt und es dir selbst erlaubst, abzuschalten.

3. Ausgeglichenheit als höchstes Ideal.

Einen aktiven Lebenswandel benötigst du ebenso sehr wie ruhige Phasen. Diese beiden Aspekte zeigen gemeinsam den Kern der japanischen Philosophie: das Finden einer Balance. Auf deinen Lebenswandel bezogen bedeutet das: Kenne deine Grenzen!

Zu viel Arbeit wird dich irgendwann überfordern, zu viel Freizeit macht dich hingegen träge. Aber auch deine Psyche dankt es dir, wenn du dich um Ausgeglichenheit bemühst. Mit Kurzschlussreaktionen und überkochenden Emotionen kommst du deinem Ziel nicht näher. Atme stattdessen tief durch und frage dich, wie du lösungsorientiert und effizient handeln kannst.

4. Sei ein guter Beobachter.
Zwei Dinge solltest du immer in deinem Blickfeld behalten: einerseits dich selbst, andererseits deine Umwelt. Nur so kannst du ein feines Gespür dafür entwickeln, ob du auf dem richtigen Weg bist und deinem Ikigai näherkommst. Denn, sowohl du selbst, als auch deine Umgebung befinden sich in einem schleichenden, aber permanenten Wandel. Vielen Menschen ergeht es so, dass sie diese Veränderungen nicht bewusst realisieren und viel zu spät schlagartig bemerken, dass sie unglücklich sind. Du hingegen musst es gar nicht so weit kommen lassen, wenn du von dir selbst regelmäßig zurücktrittst, deine persönliche Entwicklung sowie deine Wünsche und Ziele beobachtest und mit deinem Leben abgleichst.

5. Finde einen Zugang zur Natur.
Gerade in den westlichen Industrieländern haben wir Menschen es verlernt, die Natur wertzuschätzen, insbesondere ihren positiven Einfluss auf unsere Psyche. In Japan hingegen existiert ein interessantes Konzept namens ***„shinrin yoku"***, das sogenannte Waldbaden. Ihm werden heilsame und therapeutische Kräfte nachgesagt. Es hat wenig mit einer Wanderung oder einem

Spaziergang zu tun. Stattdessen nimmst du die Natur bewusst und mit allen Sinnen wahr, beispielsweise die unterschiedlichen Geräusche und Gerüche. Diese Entschleunigung wirkt sich positiv auf dein Innenleben aus, du gewinnst Abstand zu deinem hektischen Alltag und deinen Problemen.

6. Sei freundlich.

Was du ausstrahlst, findet auch seinen Weg zu dir zurück. Häufig ist es so, dass ein Lächeln und eine ruhige Stimme schon reichen, um eine angespannte Situation zu deeskalieren. Natürlich sind deine Mitmenschen viel eher bereit, dir wohlgesonnen zu begegnen, wenn du sie freundlich behandelst. Doch du wirst zusätzlich merken, dass die Ausstrahlung, die du nach außen trägst, auch nach innen wirkt. Du bist mit dir selbst viel eher im Reinen, wenn du weißt, dass deine Hilfsbereitschaft oder deine netten Gesten die Welt zu einem besseren Ort machen.

7. Behandele deine Umgebung mit Respekt.

Vielleicht fragst du dich, wo der Unterschied zu dem vorherigen Punkt liegt. Doch eine respektvolle Grundhaltung gegenüber deiner gesamten Lebenswelt ist noch viel tiefgreifender als die bereits erwähnte Freundlichkeit. Stattdessen geht es um die Idee, dass die Welt, in der du lebst, grundsätzlich wertvoll ist.

Das gilt für den Regen, die Pflanzen und Tiere, die Mitmenschen, sogar die alltäglichen Gegenstände, die dich umgeben. Was daraus automatisch folgt: Den Respekt, den du allem entgegenbringst, verdienst du auch selbst. Du bist ebenso wertvoll.

8. Lebe im Augenblick.
Selbstverständlich beeinflussen dich sowohl Vergangenheit als auch Zukunft. Und natürlich ist es wichtig, dass du deine Ziele im Leben vor Augen hast, da dich diese antreiben. Doch raubt es dir die Leichtigkeit in deinem Leben, wenn du das Hier und Jetzt vernachlässigst. Die Zeit, die du in diesem Moment durchlebst, kommt niemals wieder. Du hast die einmalige Chance, sie bestmöglich zu nutzen. Verbringe Zeit mit Menschen, die dir gut tun und die dir wichtig sind. Frage dich selbst: Was **möchte** ich jetzt tun? Wie kann ich den heutigen Tag so positiv wie möglich gestalten?

9. Fokussiere dich auf gute Dinge und Menschen.
Nicht gänzlich, aber doch zu einem Großteil bestimmen wir selbst, womit wir uns umgeben und was wir konsumieren. Setze dir als Maxime, dass du nur das in deiner Nähe zulässt, was dein Wohlbefinden steigert oder dich deinem Ikigai näherbringt. Sobald du merkst, dass dir beispielsweise eine Person, ein Gegenstand oder ein Gedanke schadet, kannst du dich

davon distanzieren und den freigewordenen Platz mit etwas Positivem ersetzen. Denn letztlich bestimmen diese Einzelteile über die Qualität deines Tages. Und einzelne Tage bilden deinen Alltag und dein Leben.

10. Der Weg ist das Ziel.
Der Weg zu deinem Ikigai ist ebenso wichtig wie deine eigentliche Bestimmung. Du musst dich auf deiner Reise nicht beeilen, sondern darfst dich umsehen oder Rast machen. Setze dich auch nicht selbst unter Druck, wenn du den Erfolg oder die Wünsche deiner Mitmenschen siehst. Dein Ikigai wächst von außen unbeeinflusst heran und lässt sich nicht von außen erzwingen. Es schlummert in dir, bis du bereit bist, es zu entdecken. Aber mithilfe der oberen Tipps steigerst du deine Lebensqualität signifikant und erleichterst die Suche nach deinem Ikigai, als hättest du einen Kompass.

MENTALE GRUNDLAGEN

Du weißt, dass der Weg zu deinem Ikigai eine in erster Linie innere Reise ist, die sich dann selbstverständlich auf alle Bereiche deines Lebens auswirken wird. Doch deshalb musst du dir eine entsprechende geistige Haltung, das richtige Mindset, aneignen, um zu nachhaltiger Zufriedenheit und Erfolg zu gelangen. Stell dir einmal folgende Fragen:

- Kann ich für mich selbst einstehen?
- Kenne ich meine Stärken und Schwächen?
- Nehme ich selbst in die Hand, wer ich bin und was mich definiert?
- Was bedeuten mir Selbstbewusstsein und Selbstakzeptanz?

Vielleicht fällt es dir schwer, eine Antwort auf die vorangegangenen Fragen zu finden. Davon musst du dich jedoch nicht entmutigen lassen, denn das kann sich ändern: Deine mentale Einstellung liegt allein in deiner Hand. Die Wirklichkeit beginnt in deiner Vorstellungskraft. Und die Grenzen deiner Vorstellung determinieren, wozu du in der Realität fähig bist. Wenn du voller Unsicherheiten bist, dich schnell aus der Ruhe bringen lässt und mit dir selbst haderst, wirkt sich dies negativ auf dein Handeln aus. Du bremst dich sozusagen selbst unbewusst aus, obwohl dein eigentliches Potential deutlich größer ist.

Häufig wagen wir gar nicht, nach hohen Zielen zu streben und groß zu träumen, weil eine innere Stimme zu uns sagt: *Das ist unrealistisch. Das wirst du nicht schaffen.* Doch was wäre, wenn genau dieser Weg der richtige für dich wäre? Und du so zu deinem Ikigai und zu einem erfolgreichen, erfüllten Leben gelangen könntest? Dieser Gedanke muss in deinem Geist stärker werden als dein innerer Zweifler und Grübler. Das gelingt dir einerseits mithilfe von Affirmationen, andererseits durch Visualisierungen.

Affirmationen

Auf jeden bremsenden, kontraproduktiven Gedanken, den du hast, antwortest du bewusst mit dem Gegenteil: einer bejahenden Botschaft.

Je öfter du dir selbst bestimmte Sätze sagst, desto überzeugender wirst du, bis du dir wirklich glaubst. Letztlich werden deine Affirmationen zur Realität: *Ich weiß, dass ich das schaffen kann. Ich habe die nötige Disziplin.* Wir haben die Kraft, unser eigenes Denken zu beeinflussen, vergleichbar vielleicht mit dem Programmieren eines Computers.

Visualisierungen

Stell dir eine ideale Version deiner selbst vor, die das bestmögliche Leben lebt. Was erfüllt dich? Auf welche Art übst du deinen Beruf aus? Welche Werte vertrittst du? Was ist wichtig in deinem Leben? Nun bist du deinem Ikigai auf der Spur. Überlege dir, welche Emotionen du verspürst: Stolz, Ausgeglichenheit oder Tatendrang? Visualisiere dein ideales Leben so detailliert wie möglich, sodass es sich genau vor deinem inneren Auge manifestiert. So findest du den Antrieb und die

Energie, weiter nach vorne zu streben. Dein Ziel wirkt zum Greifen nahe.

Sich selbst akzeptieren

Es gibt einen Menschen, auf den du dich immer verlassen kannst und der immer für dich da sein wird. Das klingt nach einem treuen und loyalen Freund, oder? Dieser Freund bist du dir selbst. Das sollte schon Grund genug sein, dich selbst ebenso zu schätzen wie all die anderen Menschen, die dir im Laufe des Lebens Beistand geleistet haben. Wir neigen außerdem dazu, mit uns selbst strenger zu sein als mit anderen. Dabei ist eine positive Grundeinstellung dir selbst gegenüber unheimlich wichtig. Nur wenn du deinen eigenen Wert kennst, kannst du für dich selbst einstehen und auch psychische Reife und Stabilität erlangen.

Warum aber ist diese Selbstakzeptanz relevant, wenn du dein Ikigai finden möchtest? Nun, immerhin geht es um deine Bestimmung, um deinen ganz persönlichen Lebenssinn. Es ist perfekt auf dich zugeschnitten, wie ein Paar jahrelang eingelaufener Schuhe. Um deine wahre Bestimmung zu finden, musst du zunächst selbst finden und akzeptieren, so wie du bist. Das bedeutet auch, dass du dir deine Fehler und Schwachstellen ehrlich eingestehst, aber selbstverständlich auch deine Stärken kennst. Über den folgenden Aspekt stolpern wir allerdings immer wieder: Wir versuchen, eine Person zu sein, die wir gar nicht sind. Wir ignorieren unsere Bedürfnisse und Eigenheiten zugunsten einer Wunschvorstellung.

Versuche nicht, jemand zu sein, der du gar nicht bist.

So viele bewundernswerte und inspirierende Menschen umgeben uns in unserem Alltag, aber vor allem in der Medienwelt. Und was man bewundert, dem möchte man nacheifern. Doch es ist möglich, andere Menschen für bestimme Qualitäten zu schätzen und sich gleichzeitig einzugestehen, dass man nicht die gleichen Stärken hat. Beispielsweise ist nicht jeder Mensch dafür geschaffen, extrovertiert und offen zu sein, mit seiner Stimme auf Ungerechtigkeiten und Probleme aufmerksam zu machen. Stattdessen braucht es auch die stillen, empathischen Zuhörer. Beide Arten von Personen sind wichtig und wertvoll, wenn sie das tun, worin sie am besten sind. Täusche dich nicht selbst und zwänge dich nicht in ein Leben oder in eine Persönlichkeit, die nicht zu dir passt. Denn du bist genau so richtig, wie du bist.

Wer bin ich & was kann ich?

Außergewöhnlich sind bloß andere Menschen?

Talente und Stärken hast du nicht? Das denken viele, könnte aber falscher kaum sein. Tatsächlich neigt der Mensch jedoch dazu, die eigenen Begabungen geringzuschätzen oder gar nicht erst wahrzunehmen.

Stell dir deine Heimatstadt im Geiste vor. Jeden Tag durchquerst du sie, aber ihre Schönheit und Besonderheiten nimmst du gar nicht mehr wahr. Sie erscheint dir alltäglich. Wie aber würde ein Tourist deine Heimatstadt betrachten, ein Mensch, der Vergleichbares noch nie gesehen hat? Vielleicht wäre er begeistert und könnte gar nicht verstehen, warum die Einheimischen so unbeeindruckt sind. Genauso verhält es sich mit deinen persönlichen Stärken.

Im Alltag nimmt man vieles für selbstverständlich, auch sich selbst. Doch mit Sicherheit existiert etwas, dass du mit deinen individuellen Talenten und Eigenschaften signifikant besser machst. Denke darüber nach, was du täglich oder häufig tust. Achte insbesondere auf kleine Handlungen, die dir womöglich belanglos erscheinen. Sie können Ausdruck einer größeren charakterlichen Qualität sein.

Frage dich, welche Position du in deinem Arbeitsalltag einnimmst. Bist du vielleicht die Person, die erst einmal eine Kanne Kaffee für alle kocht? Oder eher derjenige, der zuerst das Postfach kontrolliert? Beides ist wichtig. Ersteres zeigt, dass du an andere denkst und dich darauf fokussierst, dass sich alle wohlfühlen. Letzteres hingegen zeigt, dass du den Überblick behältst und organisieren kannst. Dementsprechend können die kleinsten deiner Aktionen auf Eigenschaften wie beispielsweise Empathie, Disziplin oder Kreativität hindeuten.

Welche Werte vertrete ich und wie äußern sich diese Werte in meinem Handeln?

Häufig fällt es uns schwer, uns selbst zu beobachten und zu hinterfragen. Deshalb hilft es dir womöglich, zunächst zu überlegen, welche Qualitäten dir bei deinem Umfeld wichtig sind. Es ist durchaus möglich, dass du einen Kollegen für seine Arbeitsmoral schätzt und dabei vergisst, wie gewissenhaft du deine eigenen Aufgaben erledigst.

Was schätze ich an meinen Mitmenschen? Habe ich vielleicht ähnliche Eigenschaften?

Hast du diese Stärken identifiziert, kannst du dich fragen, wie du sie fördern und zum Ausdruck bringen kannst.

Denn es ist so, dass jeder Mensch etwas besonders gut kann, diese Talente je nach Umgebung unterschiedlich zum Vorschein treten. Vielleicht hilft es dir auch, dich in eine dieser beiden Kategorien einzuordnen. Wichtig sind jedoch: Menschen lassen sich nicht in Schubladen stecken, mit Sicherheit findest du dich in beiden Aspekten wieder. Das ist ganz normal, es geht eher darum, eine Tendenz festzustellen. Einerseits kannst du dich darauf konzentrieren, deine Stärken qualitativ auszubauen, sie sozusagen vertiefen. Andererseits können deine Stärken auch quantitativ wachsen, indem du herausfindest, welcher Bereich dir liegt und du dir entsprechende neue Fähigkeiten aneignen.

1. Du verfügst vornehmlich über hard skills. Erfolg ist für dich an Qualifikationen geknüpft wie Fremdsprachenkenntnisse, eine gute Allgemeinbildung, einen hohen Bildungsabschluss und Berufserfahrungen.

2. Du verfügst vornehmlich über soft skills. Du gewinnst vor allem im zwischenmenschlichen Umgang, weil du beispielsweise über Empathie und emotionale Intelligenz verfügst. Vielleicht bist du aber auch sehr belastbar, zuverlässig oder flexibel.

DAS LEBEN IM FLUSS

Fürchte dich nicht vor langsamen Veränderungen, fürchte dich vor dem Stillstand.
– japanische Volksweisheit

Das Leben befindet sich in stetiger Bewegung. So wie das Wasser in einem Fluss niemals dasselbe ist, so existiert auch jeder Moment deines Lebens nur einmal und unwiderruflich. Doch während uns ersteres selbstverständlich erscheint, wollen wir uns gegen letzteres häufig wehren. Dabei kostet es so viel mehr Kraft, entgegen der Stromrichtung zu schwimmen oder an einem vergangenen Zeitpunkt des Lebens zu verharren, wenn man sich ebenso gut von der

Strömung treiben lassen könnte.

Das beschreibt den Weg des geringsten Widerstandes. Dieser Begriff bedeutet nicht, dass du deine Prinzipien und Überzeugungen aus Bequemlichkeit aufgeben solltest. Im Gegenteil, dein Rückgrat sollst du dir bewahren. Stattdessen geht es darum, die äußeren Rahmenbedingungen des Lebens anzuerkennen und auch, dass diese sich ständig verändern. Du kannst das Wetter nicht kontrollieren, auch nicht die Einstellungen oder das Verhalten deiner Mitmenschen. Du kannst die Zeit nicht anhalten oder zurückdrehen. Wenn du diese Grundbedingungen des Lebens akzeptiert hast, fällt es dir viel leichter, sich auf die Dinge zu konzentrieren, die tatsächlich beeinflussbar sind. Das betrifft beispielsweise deine Arbeitsmoral, deine Prinzipien, deine positive Einstellung und dein Umgang mit anderen Personen. Wenn du mit den äußeren Umständen deines Lebens haderst, kannst du dir folgende Fragen stellen:

- Lohnt es sich, dagegen anzukämpfen?
- Kann ich meine Energie sinnvoller investieren?

Flow-Momente

Kennst du Situationen, in der dir eine Arbeit so mühelos und selbstverständlich von der Hand geht wie dein Atem oder dein Herzschlag? Wenn du noch nicht einmal darüber nachdenken musst, was du gerade tust und die Zeit wie im Flug vergeht? Dann befandst du dich vermutlich in einem sogenannten Flow. Er beschreibt das völlige Aufgehen in einer Tätigkeit. Dabei kann es sich um geistige oder körperliche Arbeit handeln, der Mechanismus in deinem Geist läuft gleich ab: Du erreichst vollständige Harmonie, weil dein Denken, dein Wille und dein Gefühl ausbalanciert sind und übereinstimmen.

Flow-Momente können Indikatoren für dein Ikigai sein. In einem Flow-Moment fühlt sich Arbeit nicht wie Anstrengung an, sondern natürlich und selbstverständlich. Obwohl eine Tätigkeit meist auch eine Notwendigkeit ist, empfindest du sie trotzdem als erfüllend. Sie kann dir zu tiefer Zufriedenheit verhelfen. Prüfe deine alltäglichen oder auch weniger alltäglichen Aufgaben auf die unten angeführten Kriterien, die Flow-Momente auszeichnen. Was verbindet die Tätigkeiten in deinem Leben? Sind es solche, die du im Zusammenhang mit deinem Hobby oder deinem Beruf ausübst?

1. Die Aufgabe ist weder unter- noch überfordernd. Bloß weil du in einem Flow-Moment eine gewisse Mühelosigkeit verspürst, bedeutet das nicht, dass deine Tätigkeit simpel oder stupide sein sollte, um in den Flow zu kommen. Im Gegenteil: Nur moderate Herausforderungen können einen solchen hervorrufen.

2. Dein Kopf ist frei für die Aufgabe. Du kannst dich ihr vollständig widmen, uns regelrecht in ihr versenken. Deshalb ist es nicht möglich, den Zustand des Flows zu erreichen, wenn dich größere oder alltäglichere Sorgen ablenken.

3. Du erkennst den Sinn und das Ziel deiner Aktivität. Du weißt ganz genau, woraus deine Aufgabe besteht und wie du sie zu erledigen hast, um zu dem gewünschten Ergebnis zu kommen.

4. Du erhältst eine unmittelbare Rückmeldung. Es ist offensichtlich, ob du deine Aufgabe richtig oder falsch erfüllt hast. Auch hier ist langes Nachdenken und Grübeln nicht nötig.

5. Du empfindest ein Gefühl von Kontrolle. Zwar konzentrierst du dich vollständig auf deine Tätigkeit, dennoch hast du sie im Griff, nicht umgekehrt.

6. Der Alltag und wir selbst geraten in den Hintergrund. Wir nehmen uns nicht mehr bewusst wahr, weil wir uns so sehr auf eine Aufgabe einlassen. Alle

Sorgen und Gedanken außerhalb von ihr spielen in diesem Moment keine Rolle.

7. Dein Zeitempfinden verändert sich. Wenn du deine Arbeit beendet hast, wunderst du dich vielleicht, wie rasch die Zeit vergangen ist. Wir denken einfach nicht an die vergehenden Minuten, da während des Flows nur eines existiert: die Tätigkeit, die wir erledigen.

Leben & Arbeit als Entwicklungsräume

Doch selbst wenn sich im Idealfall ein Flow-Moment an den nächsten reiht, reicht dies langfristig nicht für tiefe Zufriedenheit und Erfüllung aus. Der Mensch ist nicht dafür geschaffen, still zu stehen – und irgendwann wird sich die befriedigendste Aufgabe nach einem Hamsterrad anfühlen, aus dem er ausbrechen muss.

Deshalb muss dir jede Aufgabe eine Perspektive und eine Chance zur Weiterentwicklung bieten, wenn sie dein Glück langfristig steigern soll. Auch dein Ikigai darfst du dir nicht als statisches Konstrukt vorstellen, das du einmal findest und das danach für immer feststeht.

Wir sprechen von einer Reise zu deinem Ikigai, doch diese Reise hört nicht auf, sobald du es bestimmt hast. Im Gegenteil: Es lässt dir immer Raum zu Veränderung. Dein ganzes Selbst befindet sich in einem permanenten Wandel und im Laufe deines Lebens verändern sich deine Werte, Einstellungen und Prioritäten. Wie könnte man dann davon ausgehen, dass deine innere Bestimmung oder dein Lebenssinn festgesetzt sind?

Die Frage ist jedoch, wie wir Sackgassen in unserem beruflichen und privaten Leben vermeiden. Helfen kann dir die Vorstellung, dass sämtliche

Tätigkeiten in deinem Leben in vier verschiedene Kategorien eingeteilt werden:

1. Die ***Komfortzone*** ist frei von neuen Herausforderungen und besteht aus dem, was du kennst und woran du dich gewöhnt hast. Die Aufgaben dieser Kategorie sind nicht schlecht – besteht aber dein ganzes Leben aus Routinen, wirst du dich irgendwann träge, gelangweilt oder sogar eingesperrt fühlen.

2. Verlässt du die Sicherheit der Komfortzone, gelangst du in die ***Angstzone***. Diese Phase ist voller neuer Erfahrungen, die nicht immer positiv sein müssen. Wie der Name schon sagt, fürchtet der Mensch sich gerade vor dem Unbekannten, dem nicht Einschätzbaren. Unvermeidliche Niederlagen und Misserfolge können dafür sorgen, dass du wieder einen Schritt zurückgehst.

3. Bleibst du aber beharrlich, überwindest du die Angstzone zugunsten der ***Lernzone***. Hier lernst du, mit deinen neuen Herausforderungen umzugehen. Nicht nur deine Fähigkeiten wachsen, sondern auch dein Selbstbewusstsein. Du bist dir dessen bewusst, wozu du in der Lage bist.

4. Den Abschluss bildet die ***Wachstumszone***. Die harte Arbeit hat sich gelohnt, dein Ziel hast du erreicht. Dein persönlicher Horizont, aber auch dein Können, hat sich erheblich erweitert. Nun kannst du noch einen Schritt weitergehen und deine Komfortzone erneut verlassen.

Dir muss klar sein, dass es so gut wie unmöglich ist, dein Potential komplett auszuschöpfen. Du hast immer noch ein wenig Luft nach oben. Diesen Umstand sollte man aber nicht als unbefriedigend wahrnehmen, sondern, im Gegenteil, als Chance. Schreibe dir beispielsweise eine Liste mit Dingen, die du beruflich und privat realisieren möchtest. Welche deiner Grenzen möchtest du austesten? Es liegt an dir, diese Liste weiterzuführen...

- eine neue Sprache lernen
- eine Beförderung oder eine Gehaltserhöhung erreichen
- deine sportlichen Fähigkeiten ausbauen
- ein Buch schreiben
- ...

DEN RUF DES HERZENS HÖREN & FOLGEN

Bei allem, was man mit dem Herzen tut,
braucht man keinen Helfer.
– japanische Volksweisheit

Woher soll ich denn wissen, was mein Inneres möchte, fragst du dich vielleicht. Und du liegst gar nicht so falsch, weil wir verlernt haben, auf unsere tiefsten Emotionen und Bedürfnisse zu hören. Das liegt daran, dass äußere Ansprüche und Lebensumstände unser Inneres überlagern. Können wir unterscheiden, was ein innerer Antrieb ist und was ein Druck von außen? Und wenn nicht, wie können wir es lernen?

Es ist schwer, sich von externen Forderungen zu befreien, unabhängig davon, ob sie von unseren Mitmenschen stammen oder sie von der Gesellschaft vermittelt werden. Häufig verinnerlichen wir diese Fremdansprüche so sehr, dass wir gar nicht auf diese Frage antworten können: *Was möchtest du und wonach strebst du wirklich?* Die folgende Übung kann dir dabei helfen, deinen inneren Ruf zu erkennen. Nimm dir eine beliebige Aufgabe, ein Hobby oder eine berufliche Tätigkeit, die du mithilfe dreier Fragen überprüfst.

1. Identifiziere deine Gefühle.
Wie fühlst du dich, wenn du diese Aufgabe erfüllst? Was sagt dir dein Herz, frei von rationalen Gedanken? Du kannst deine Emotionen zunächst als positiv oder negativ kategorisieren, um sie danach detaillierter zu bestimmen.

2. Identifiziere deine Werte.
Dominieren Werte wie Pflichterfüllung, Disziplin oder Strenge in Bezug auf die konkrete Aufgabe? Das ist ein Hinweis darauf, dass du die Aufgabe nicht aus innerem Antrieb erfüllst, sondern ausschließlich als Verpflichtung wahrnimmst. Einen Gegensatz dazu bilden zum Beispiel Neugierde und Interesse, Leidenschaft oder Idealismus.

3. Bestimme deine Erfüllung und Dankbarkeit.
Berührt dich die erfüllte Aufgabe? Oder lässt dich das Ergebnis eher kalt und gleichgültig zurück? Bestimme die Qualität und Intensität deiner Erfüllung und Dankbarkeit!

Natürlich kannst du nicht komplett frei von äußeren Zwängen leben und so wirst auch du Tätigkeiten in deinem Leben haben, die dich nicht erfüllen oder zu deinem Ikigai beitragen. Das ist kein Versagen und auch kein Anzeichen für ein unglückliches Leben! Wichtig ist allerdings, dass du klar sagen kannst, was dein Inneres dir sagen möchte. Nur so kannst du dich deinem Ikigai nähern. Dein Ikigai ist letztlich eine Akkumulation deiner Wünsche, Träume und Ziele, es ist das, was dich jeden einzelnen Tag nach vorne blicken lässt. Um es zu finden, dürfen wir uns nicht von äußeren Erwartungen ablenken lassen, auch wenn wir nicht ganz unbeeinflusst von ihnen sind.

Loslassen lernen

Wer neu anfangen will, soll es sofort tun, denn eine überwundene Schwierigkeit vermeidet hundert neue.
– japanische Volksweisheit

Loslassen ist etwas, wovor sich viele Menschen insgeheim fürchten. Es wird mit Verlust gleichgesetzt. Tatsächlich kann dies aber auch einen Gewinn an Lebensqualität bedeuten, wenn man sich von negativen Aspekten seines Lebens verabschiedet. Damit können Gegenstände gemeint sein, die sie nicht glücklich machen oder an die beispielsweise schlechte Erinnerungen gekoppelt sind.

Auch manche Menschen musst du unter Umständen loslassen, selbst wenn es schmerzhaft ist. Drittens sind unsere Köpfe voller Altlasten, an denen wir noch festhalten, obwohl sie uns nicht gut tun und auch nicht mehr zu uns passen.

Dazu gehören Denkmuster und Verhaltensweisen, die wir schon überwunden haben und nun endgültig verschwinden sollen. Auch Unsicherheiten und Ängste behindern uns in unserer persönlichen Entwicklung und dürfen gehen.

Es ist immer schwer, etwas loszulassen, an das man sich gewöhnt hat. Wir hängen selbst an Dingen, die schlecht für uns sind, weil sie uns vertraut sind. Doch lohnt es sich, diese Macht der Gewohnheit zu durchbrechen, sodass wir am Ende einen freien Blick auf das haben, was uns wirklich wichtig ist und uns gut tut. Denn mit dem Prozess des Loslassens eröffnet sich dir auch die Chance eines Neuanfangs.

MINIMALISMUS

Die Unordnung im Zimmer
entspricht der Unordnung im Herzen.
– japanische Volksweisheit

Räumst du noch auf oder minimalisierst du schon? Minimalismus als Lebenseinstellung ist nicht ohne Grund ein Erfolgskonzept, das eng mit der japanischen Lebensphilosophie verbunden ist. Vielleicht kennst du bereits die Japanerin Marie Kondo und ihre sogenannte „Konmari“-Methode. Was herausragend an ihrem Ansatz ist:

Minimalismus in deinem Zuhause bedeutet nicht, dass du auf alle Annehmlichkeiten verzichten musst. Es ist völlig in Ordnung, Dinge zu besitzen, die keinen Zweck haben und dir nur Freude bereiten, beispielsweise Zimmerpflanzen oder Souvenirs. Der Grundgedanke des Minimalismus ist eher, sich ausschließlich mit Dingen zu umgeben, die deine Lebensqualität verbessern. Entweder steigern sie dein Glück oder sie sind nützlich. Das bedeutet, dass du all das aus deiner Umgebung entfernst, was diese Bedingung nicht erfüllt. Jeden Gegenstand in deinem Besitz kannst du mithilfe dieser beiden Fragen überprüfen:

- *Wie macht dieses Objekt mein Leben besser?*
- *Würde es jemand anderen glücklicher machen als mich oder ihm mehr nützen?*

Die äußere Ordnung wirkt sich auf die Klarheit in deinem Inneren aus. Wenn du tagtäglich auf Chaos blickst, kann auch dein Geist kaum zur Ruhe kommen. Wenn dein Auge von unzähligen Gegenständen überfordert ist, dann spürst du diese Überforderung auch innerlich.

Denke auch daran, dass viel Besitz auch entsprechend verwaltet, verstaut und gepflegt werden muss. Was ist letztlich wertvoller: Deine Lebenszeit, die du in deine persönliche Entwicklung und in die Verwirklichung deines Ikigai investieren kannst? Oder eine Sammlung von Objekten?

Ohne große Planung kannst du mit dem Minimalisieren beginnen, indem du dir einen großen Korb nimmst. Nun beginnt das sogenannte „***reverse shopping***", also das umgekehrte Einkaufen.

Du gehst durch deine Wohnung, als wäre sie ein Geschäft. Doch du legst nicht in deinen Korb, was dir gefällt, sondern das Gegenteil: Frage dich, welche Objekte entbehrlicher und störender Ballast sind.

Ist der Korb gefüllt, hast du dein Tagespensum erreicht und es kann am nächsten Tag weitergehen. Um etwas Struktur zu bewahren, kannst du dir jeden Tag ein anderes Zimmer vornehmen und gegebenenfalls noch einmal von vorne beginnen.

Das Gegenteil dieses Vorgehens ist die „***Karton-Methode***". Hierfür packst du deinen kompletten Besitz in Umzugskartons.

Das, was du jeden Tag brauchst, kannst du bereits am ersten Tag aus dem Karton nehmen. Nach und nach nimmst du dir im Laufe eines Monats alles aus den Kisten, was du benötigst. Was in den Kisten verblieben ist und vielleicht schon von dir vergessen wurde, kann zumindest zu eine Großteil gehen. Da diese Methode im Alltag wenig praktikabel ist, empfiehlt sie sich, wenn sowieso ein Umzug oder eine Renovierung ansteht. Der Ansatz mag radikal sein, aber auch sehr effektiv!

SICH VON MATERIELLER SUCHT LÖSEN

Ein minimalistischer Lebensstil kann nur nachhaltig und erfolgreich sein, wenn wir nicht nur unsere Wohnung von unnötigem Ballast befreien, sondern auch unser Kaufverhalten intensiv reflektieren. Wir leben in einer Gesellschaft, in der wir so gut wie alles problemlos käuflich erwerben können. Geschäfte, wohin das Auge reicht, hinzu kommen das Internet und seine zahlreichen Shoppingportale. Nur einen Mausklick sind wir entfernt von dem, was unser Herz begehrt – also auch von unserem Lebensglück? Dies suggeriert zumindest die Werbung.

Häufig nutzen wir die Möglichkeiten des Konsums, um andere Defizite in unserem Leben zu verdecken. Doch verhält es sich hier wie mit einem Leck in einem Schiff. Wenn wir versuchen, das Loch an falscher Stelle zu stopfen, gelangt dennoch Wasser hinein. Es wird sinken.

Konsum kann keine Probleme beheben, deren Ursachen an ganz anderer Stelle liegen. Das ist der wichtigste Grundgedanke, den wir verinnerlichen müssen. Zwischenmenschliche oder psychische Konflikte werden nicht behoben, sondern maximal betäubt, wenn wir etwas Neues kaufen. Zudem verhält es sich mit Shopping wie mit einer Droge: Um immer wieder das Glücksgefühl nach dem Kauf zu erhalten, müssen wir ständig konsumieren. Damit kann man durchaus von einer Sucht nach dem Neuen, dem Materiellen sprechen.

Was es jedoch eigentlich ist: eine Sucht wie alle anderen, nämlich danach, sich gut zu fühlen. Und das ist absolut nachvollziehbar, denn wir alle streben nach unserem persönlichen Glück. Dieses versteckt sich jedoch sicherlich nicht in einem Einkaufszentrum, sondern in uns selbst. Deshalb kanalisierst du deine negativen Gefühle nicht, indem du materielle Güter konsumierst. Stattdessen fragst du dich:

- *Steigert der Besitz dieses Objektes mein Glück oder beschwert es mich nur?*
- *Möchte ich aus Frustration, Stress oder Wut kaufen?*
- *Genieße ich bloß die Glücksgefühle, die der Kauf in mir auslöst?*

Falls du zu Impulskäufen neigst und deine Emotionen deinen Verstand schnell überlagern, können dir konkrete Regeln helfen.

1. Für jedes neue Objekt muss ein altes derselben Kategorie gehen.

2. Neuanschaffungen überdenkst du je nach Größe eine Nacht, drei Nächte oder eine Woche.

3. Konsumfasten, also eine selbstgewählte Zeitspanne, in der du nur das Notwendigste kaufst.

Letzteres ist vergleichbar mit einem kalten Entzug, mit Sicherheit wirst du Frustration und Unzufriedenheit verspüren. Doch kann das Konsumfasten heilsam im Sinne eines Neustarts sein. Der Kreislauf von übermäßigen, emotional gesteuerten Käufen wird durchbrochen. Du kannst dich auch allmählich steigern. Beginne mit einigen Tagen des Konsumfastens, daraufhin folgen eine Woche, ein Monat und vielleicht sogar mehrere Monate. Du wirst vielleicht merken, dass sich dein Fokus auf das Leben verschiebt. Irgendwann wirst du nicht mehr größer, besser, neuer wollen, sondern gelangst auch ohne Konsum zu innerer Zufriedenheit und Erfüllung.

UMGANG MIT ANDEREN: MIT ACHTSAMKEIT ZU ABGRENZUNG UND UMGEKEHRT

Kaum etwas beeinflusst uns mehr als der Umgang mit anderen Personen. Ein Sprichwort lautet: Du bist der Durchschnitt der fünf Menschen, mit denen du am meisten Zeit verbringst. Deshalb sollten wir weise wählen, welche dies sind.

Achtsamkeit beschreibt einen Zustand, in dem du aus Distanz auf dein Leben und das Hier und Jetzt schaust. Du bist in der Lage, deine Erfahrungen in Relation zu setzen und von einem äußeren Betrachterstandpunkt zu beurteilen. Im Alltagsstress geht diese Fähigkeit aber oft verloren, weshalb wir uns oft von Problemen und stressigen Situationen überfordern lassen. Auch zwischenmenschliche Konflikte und negatives Verhalten lassen wir zu nahe an unsere Seele heran. Die Folge: Wir fühlen uns verletzlich und dünnhäutig. Häufig fällt es uns schwer, persönliche Grenzen zu ziehen, wenn uns andere Menschen oder ein Umfeld nicht gut tun. In diesen Situationen kann dir eine kleine Achtsamkeitsmeditation helfen:

Die Menschen oder die Situation, die deine Grenzen überschreiten und dich einnehmen, schrumpfen. Sie werden immer kleiner, denn du schwebst nach oben, vergleichbar mit einem Luftballon. Irgendwann sind deine Sorgen so klein wie Kinderspielzeug, dann wie Stecknadelköpfe. Du schwebst höher. Die Luft wird kälter und dünner, doch sie befreit deinen Kopf. Du siehst Täler, Flüsse, Städte, als befändest du dich in einem Flugzeug. Niemand kann dich vereinnahmen, du bist unerreichbar. Du bist allein mit deinen Gedanken. Du bestimmst, was dich berührt und was dir fern bleibt. Dein Alltagsszenario siehst du nicht mehr, es ist deinen Augen und deinem Geist fern. Spürst du, wie leicht dein Körper wird? Wie sich dies auf dein Denken auswirkt?

Aus der Distanz und Entgrenzung deines Körpers wächst eine abgrenzende Haltung in deinem Geist heran. Du bestimmst, wie sehr dich äußere Einflüsse berühren. Dein Geist ist deine Wohnung, zu der nur du den Zutritt hast. Wem möchtest du wirklich den Schlüssel in die Hand geben?

Achtsamkeit und Abgrenzung bedingen sich gegenseitig. Je eher du es schaffst, bewusst und reflektiert auf dein Leben und deine Mitmenschen zu blicken, desto eher bemerkst du Grenzüberschreitungen. Und desto eher findest du die Kraft, *nein* zu sagen! Das ist wortwörtlich zu verstehen. Wenn dir Menschen zu nahe treten und zu viel von dir einfordern, wenn die Belastung in deinem Berufs- oder Privatleben zu groß wird, können dir diese Sätze helfen:

- Das tut mir nicht gut. Ich nehme mir jetzt etwas Zeit, um mich wieder zu sammeln.
- Ich weiß, was mir zu viel wird. Das überschreitet meine Kräfte.

Achtsamkeit und Abgrenzung bedeutet aber nicht, dass wir unsere Sensibilität verlieren.

Wenn wir von Distanz und Rationalität sprechen, bedeutet dies nicht, dass wir unempfänglich für äußere Einflüsse werden. Stattdessen kannst du es dir wie ein Netz oder einen Filter vorstellen, der Negativität abhält und so dein Innerstes schützt. Menschen, Emotionen und Umgebungen, die dir gut tun und dich in deinem Leben voranbringen, spürst du, im Gegenteil, sogar noch intensiver. Du musst dich nicht mehr den auslaugenden und kräfteraubenden Aspekten deines Lebens widmen, sie haben ihre Macht über dich verloren. Umso mehr Energie hast du für das Gute in deinem Leben.

ERWARTUNGSLOS SEIN

Unzufrieden sind wir, wenn unsere Erwartungen nicht mit der Realität übereinstimmen. Damit liegt auch die Wurzel der Unzufriedenheit in unseren Erwartungen. Häufig schaden wir nicht nur uns selbst mit einer zu hohen Erwartungshaltung, sondern auch unseren Mitmen–schen. Unser Partner und unsere Familie sollte sich auf eine bestimmte Art und Weise verhalten, von Freunden und Kollegen erwarten wir wiederum etwas anderes.

Diese Forderungen entstehen unreflektiert und automatisch in uns; werden sie nicht erfüllt, reagieren wir häufig gereizt und frustriert. Das schadet einerseits natürlich unserem Wohlbefinden. Vor allem müssen wir andererseits annehmen, dass wir keinen Einfluss auf die Entscheidungen und das Verhalten unserer Mitmenschen haben. Diese Freiheit gestehen wir anderen zu, nehmen sie aber auch für uns in Anspruch. Denn wer keine Erwartungen hegt, kann trotzdem Prinzipien, Standards und Grenzen haben. Dies ist sogar notwendig! Folgende Übungen können dir dabei helfen, deine Erwartungshaltung zu erkennen und damit umzugehen.

Übung: Erwartungen visualisieren

Zunächst ist es wichtig, deine oft unbewusst formulierten Forderungen und Erwartungen zu erkennen. Hilfreich kann es sein, diese aufzuschreiben und schwarz auf weiß vor Augen zu haben. Konzentriere dich auf deine drei engsten Bezugspersonen, da du von diesen in der Regel am meisten erwartest. Dazu gehören meist der Partner oder Familienmitglieder, aber auch Freunde oder Kollegen. Vielleicht wirst du überrascht sein, dass du dich eigentlich als unabhängige und selbstständige Person siehst, aber dennoch viele Ansprüche deiner Umwelt gegenüber hast. So geht es tatsächlich den meisten Menschen.

- *Erwarte ich von anderen Menschen, dass sie meine Bedürfnisse erfüllen?*
- *Sind andere Menschen für mein Wohlbefinden und meine Zufriedenheit maßgeblich verantwortlich?*
- *Bin ich frustriert oder wütend, wenn meine Mitmenschen bestimmte Ansprüche nicht erfüllen?*

Übung: Erwartungen ablegen & Verantwortung übernehmen

Oft erwarten wir von unserer Umwelt emotionale Unterstützung und Bestätigung. Dies sind durchaus nachvollziehbare Wünsche, allerdings sollten wir nicht abhängig von unseren Mitmenschen sein, sondern uns selbst diese Bedürfnisse erfüllen können.

Du kannst mit positiven Affirmationen arbeiten und dir immer wieder selbst sagen, dass du die Quelle deines Glücks bist. *Ich bin in der Lage, mich selbst zu lieben. Deshalb bin ich nicht abhängig von der Liebe anderer. Ich brauche nicht ständig Kontakt zu meinen Mitmenschen, weil ich auch mit mir selbst auskomme.* Je öfter du dir diese Gedanken verbalisierst, desto eher wirst du von ihnen überzeugt. Denn dein Leben liegt in deiner Hand und deine Lebenszeit ist zu schade, um passiv darauf zu warten, dass dich ein anderer Mensch glücklich macht. Nur du selbst kannst dir die Rahmenbedingungen für ein erfolgreiches und erfülltes Leben schaffen.

Emotionale Abgrenzung

Je unabhängiger ein Mensch ist, desto freier ist er. Dies gilt insbesondere für seinen mentalen Zustand. Wenn du es schaffst, dich innerlich von deiner Umwelt abzugrenzen, findest du auch zu mehr Freiheit. Du schaffst also eine Distanz zwischen dir und äußeren Meinungen und Bewertungen. Dies gilt allerdings auch umgekehrt: Du bewertest deine Mitmenschen ebenfalls nicht.

Deine Gefühle haben ebenso ihre Berechtigung wie die anderer Personen, aber: Die jeweiligen Gefühle gehören nur zu einem Individuum. Einerseits schaffst du dir selbst also Freiraum, andererseits gestehst du ihn auch deinem Umfeld zu. Allerdings ist es natürlich nicht in allen Situationen möglich, diese individualistische Haltung umzusetzen. Wir Menschen leben in einem sozialen Gefüge und beeinflussen einander unweigerlich. Diese zwischenmenschliche Kooperation kann viele Vorteile haben, doch sollte deine persönliche Entwicklung nicht darunter leiden. Nimm dir den Abstand, den du benötigst und der dir zusteht!

- *Welche Gefühle kommen tatsächlich aus meinem Innersten?*
- *Welche Gefühle werden mir von anderen zugeschrieben, welche schreibe ich anderen zu?*
- *Trenne ich diese beiden Dimensionen?*

Selbsthypnose: Die Schneekugel-Übung

Hilfreich kann auch folgende Übung sein, wenn du einen inneren Konflikt verspürst, der auf eine andere Person zurückzuführen ist. Häufig lässt sich der Zwiespalt nämlich darauf zurückführen, dass wir nicht genau wissen, was unsere Wünsche und die des Gegenübers sind. Diese Grenze lässt sich ziehen, wenn du dich im Geiste in das Innere einer Schneekugel begibst.

Stell dir vor, dass du dich inmitten dieser Schneekugel befindest. Du bist abgeschnitten von deiner Umwelt. Du hörst und siehst nichts von außen. Du existierst nur mit dir selbst in diesem isolierten Raum. Spürst du die Ruhe, die dich umgibt? Die Zeitlosigkeit der Schneekugel? Du siehst dich um. Nichts als sich spiegelnde Glaswände siehst du. Was spiegelt sich in ihnen? Du selbst? Ja, aber da ist noch mehr... Dein Innerstes, deine Emotionen. Ungestört von äußeren Einflüssen siehst du alles, was sich in dir abspielt.

- *Welche Gefühle spielen sich in dir ab? Was möchtest und erwartest du wirklich?*
- *Wie kannst du deine persönliche Integrität wahren? Wie bleibst du dir selbst treu?*
- *Was stört mich an den Forderungen oder Wünschen der anderen Person?*

- *Gibt es einen Mittelweg? Muss ich mich schützen und meine Grenzen aufzeigen?*

TOXISCHE BEZIEHUNGEN LOSLASSEN

Jeden Tag kommen wir mit den verschiedensten Menschen in Kontakt. Es ist unvermeidbar, dass darunter auch solche sind, die uns nicht gut tun. Mit einigen sind wir schlicht nicht kompatibel, andere fügen uns mit toxischen Verhaltensmustern Schaden zu. Gemeinsam haben sie, dass wir uns nach dem Umgang mit ihnen schlechter als zuvor fühlen.

Warnsignale sind beispielsweise, dass du dich kraftlos und müde fühlst, als hätte man dir die Energie geraubt. Vielleicht hast du aber auch das Gefühl, nicht akzeptiert zu werden und dich verstellen zu müssen. Es kann auch sein, dass jemand dich, deine Werte und

Leistungen nicht wertschätzt oder sogar herabsetzt.

Wichtig ist: Es handelt sich nicht nur um Menschen, denen wir distanziert gegenüberstehen. Auch zu engen Freunden und Familienmitgliedern und sogar zu deinem Partner kannst du eine ungesunde Beziehung pflegen. Gerade diese Personen, die uns am nächsten stehen, können uns am stärksten verletzen. Und dennoch schmerzt es hier am meisten, loszulassen.

Übung: Die Herz-Verbindung trennen

Du bist ein Individuum, das mit unfassbar vielen Menschen Berührungspunkte hat. Stell dir vor, dass du dich selbst von außen betrachtest. Du stehst im Mittelpunkt und bildest das Zentrum. Von dort aus entspringen unzählige Verbindungen zu den verschiedensten Personen in deinem Leben. Sie sind aktiv und pulsieren, vergleichbar mit Straßen. Einige sind breiter und belebter.

Andere sind eher schmal und einsam. Doch ihnen allen ist der Knotenpunkt gemeinsam: Das bist du. Je wichtiger der Mensch und je enger die Beziehung ist, desto näher ist die Verbindung an deinem Herzen. Das ist auch die Stelle, an der du am verwundbarsten bist. Hier spürst du auch den Einfluss einer anderen Person am stärksten, wenn sie dir nicht gut tut.

Und dennoch zögern wir lange, bevor wir uns diesem negativen Einfluss entziehen und sind bereit, viel Schmerz zu ertragen, weil uns eine Geschichte mit unserem Gegenüber verbindet. Gemeinsame Erlebnisse und tiefe Emotionen vergisst der Mensch nicht so leicht, auch wenn uns eine Beziehung nicht gut tut.

Daraus ergibt sich eine sehr widersprüchliche und ambivalente Situation. Du weißt eigentlich, dass es dir schlecht geht, nachdem du Zeit mit einer bestimmten Person verbringst. Doch hinzu kommen vielleicht Schuldgefühle oder die Erinnerungen an eine gemeinsame Vergangenheit. Auch hier kann es helfen, auf einem Blatt Papier die Gefühle zu visualisieren und vor allem zu trennen.

- *Ich fühle mich schuldig, weil...*
- *Ich liebe diese Person dennoch, weil...*
- *Es tut mir nicht gut, dass...*

Vergiss nicht, dass du in erster Linie dir selbst und deinem Wohlergehen verpflichtet bist. Du bist deine Priorität und musst keine toxischen Personen oder Beziehungen aus den verschiedensten Gründen ertragen. Viel wichtiger ist, dass du in der Lage bist, dich selbst zu schützen und deine persönlichen Grenzen aufzuzeigen. Auch musst du dich vor keinem Menschen rechtfertigen.

Stell dir erneut die Straßen vor, die auf dich zulaufen. Welche transportieren Negativität? Auf welchen wünschst du dir weniger Verkehr, wo brauchst du mehr Distanz? Im Geiste kannst du *diese Straßen mit einem Spiegel blockieren. Stell ihn dir genau vor, seine helle, reflektierende Oberfläche. Er ist robust und undurchlässig. Er steht inmitten auf der Straße und verhindert den Verkehr. Aber das Besondere an einem Spiegel ist, dass er das eigene Handeln zurückwirft. Lächelt oder schreit man sein Spiegelbild an, bringt es einem exakt dieselbe Reaktion entgegen.*

Somit wird das Handeln anderer Menschen, das dir schadet, auf sie selbst zurückgeworfen, es gelangt nicht mehr zu deinem Innersten. Auch in der Realität läuft dies so ab, weil wir alle die Auswirkungen unserer eigenen Aktionen zu spüren bekommen. Im besten Falle nutzen wir sie, um unser Verhalten zu reflektieren und an Erfahrungen reicher zu werden. In erster Linie ist jedoch wichtig, was dir diese Visualisierung zeigt: Auch von nahe stehenden Menschen kannst du dich emotional distanzieren, indem du ihren Einfluss blockierst. Es ist nicht immer möglich, sich komplett von ihnen loszusagen, da wir alle in sozialen Netzwerken leben. Doch du allein bestimmst, ob sie einen Zugang zu deinem Herzen haben.

Harmonie & Nachhaltigkeit leben

Die Welt ist nicht die Welt nur eines Menschen.
– japanische Volksweisheit

Menschen, die ihr Ikigai gefunden haben, beschreiben es als einen menschlichen Idealzustand. Indem man einen Zweck in seiner Existenz erkennt, einen tiefen Sinn, der das Leben zusammenhält, erfährt man Harmonie und Beständigkeit. Das bedeutet unter anderem:

- Ruhe erleben, ohne gelangweilt zu sein
- tiefe Emotionen erfahren, ohne von ihnen übermannt zu werden

- Lebensfreude verspüren, ohne in Extreme zu verfallen

Dieser Zustand hat auch ganz praktische Vorteile für dich: Je ausgeglichener und je zufriedener du mit deinem Leben bist, desto besser kannst du Krisen und Rückschläge bewältigen. Stell dir einen Baum vor, dessen tiefe Wurzeln ein stabiles Fundament bilden, sodass er die stärksten Stürme überstehen kann. Nichts bringt ihn aus der Ruhe. Allerdings kannst du nicht nur innere Harmonie erlangen, sondern auch mit deinen Mitmenschen, mit deinem Umfeld und im weitesten Sinne mit der Natur im Einklang leben. Sie ist für uns die erste Heimat und ein heilsamer Rückzugsort, deshalb sollten wir ihr Wohlergehen nicht vergessen.

In Japan hat ein naturverbundener und damit nachhaltiger Lebenswandel eine lange Tradition. Es ist ein Ideal, mit leichten Schritten auf unserer Erde zu wandeln, nicht wie Besitzer, sondern wie Gäste. Konkret wurden diese Ansätze beispielsweise in Techniken wie dem „***kintsugi***“ verwirklicht. Kennst du die wunderschöne japanische Keramik, deren Oberfläche von zarten Goldlinien durchwoben ist? Kaum zu glauben, dass sie ein Produkt des Zufalls ist. Zerbrochenes Geschirr wird repariert, indem man die Scherben mit Lack zusammenklebt und diese Linien zusätzlich mit Goldstaub betont. Die Geschichte des Objekts wird hierbei höher geschätzt als seine Makellosigkeit. Ganz ähnlich funktioniert das Konzept des „**boro**“. Alte, zerrissene Kleidung wurde in Japan nicht möglichst unauffällig zusammengeflickt. Stattdessen betrachtete man die Altersspuren als wertvoll und flickte sie mit sichtbaren Zierstichen.

Nun ist es in Japan natürlich selten geworden, jedes Stück Stoff und jede Scherbe aufzubewahren. Doch der Gedanke ist geblieben und kann von dir leicht in deinen Alltag integriert werden. Muss es immer neu sein? Ist es möglich, Objekte gebraucht zu erwerben, von Freunden zu leihen oder auch auszutauschen?

1. Keine Berührungsängste vor Second-Hand. Läden für Gebrauchtes existieren online ebenso wie im echten Leben. Vielleicht hast du Vorurteile, dass sie voller Ramsch und Kuriositäten sind. Das könnte aber falscher nicht sein. Unsere industrialisierte westliche Gesellschaft produziert einen Überschuss von so vielen Waren, dass vieles so gut wie neu auf ein zweites Leben wartet.

2. Reparieren, was geht. Auch wenn du selbst nicht versiert bist, kannst du dich in deinem Freundes- und Bekanntenkreis erkundigen. Viele Menschen sind in der Lage, Kleidung, technische Geräte und vieles mehr gegen einen kleinen Betrag oder sogar kostenfrei zu reparieren. Wir leben in einer Welt, in der wir es nicht mehr nötig haben, Socken zu flicken. Aber nichts hindert uns daran, es dennoch zu tun.

3. Gemeinschaftliche Anschaffungen. Mit Freunden, der Familie oder der Nachbarschaft kann man sich größere Anschaffungen teilen. Wie oft benötigst du beispielsweise einen Grill, einen Rasenmäher oder Skischuhe? Nicht nur die finanzielle Belastung sinkt. Jedes neu gekaufte Objekt weniger ist eine Wohltat für unseren Planeten.

Denn: *Die Welt ist nicht die Welt nur eines Menschen.* Es liegt an uns allen, ihre Wunder zu bewahren und sie als lebenswerten Ort zu erhalten.

POSITIVE BEZIEHUNGEN

Wenn du es schaffst, dich von den negativen Beziehungen in deinem Leben zu befreien, hast du mehr Energie für diejenigen, die dir gut tun und positive Gefühle auslösen. Allerdings benötigt eine gesunde Beziehung ein solides Fundament, auf dem sie ruhen kann. So übersteht sie auch Krisen oder Phasen, die von Distanz geprägt sind.

Die Grundvoraussetzung ist in jedem Fall Vertrauen. Du kennst vielleicht die Übung, bei der dem einen Teilnehmer die Augen verbunden werden. Nun soll er sich rückwärts in die Arme seines Partners fallen lassen. Zu Beginn gelingt dies kaum, wir möchten uns selbst schützen und lassen unsere Beine einknicken. Doch wenn wir jedes Mal aufgefangen werden, spüren wir: Es ist jemand da für mich, jedes Mal. Erst dann kann die Übung erfolgreich absolviert werden. Das zeigt auch, dass Vertrauen nicht von Anfang an existiert. Es kommt nicht aus dem luftleeren Raum, sondern muss wie eine Pflanze wachsen. Genährt wird sie von positiven Erfahrungen, die gemeinsam gemacht werden.

- Auf welchen gemeinsamen Werten und Einstellungen basiert eine Beziehung?
- Welche Erinnerungen wurden im Laufe der Zeit gemacht?
- Wie entsteht eine ausgeglichene Beziehung des Gebens und Nehmens?

Auf Vertrauen beruhen auch zwei wichtige Eigenschaften: die Fähigkeit zu Empathie und Bindung. Es muss uns also möglich sein, uns in einen anderen Menschen wahrhaftig hineinzuversetzen. Aber das bedeutet nicht, dass wir unsere eigenen Wünsche und Grenzen ignorieren. Wir müssen auch nicht immer mit unseren Mitmenschen übereinstimmen. Allerdings ist es wichtig, Verständnis aufzubringen und empathisch auf den anderen zuzugehen. Nur so kannst du eine tiefe Bindung zwischen zwei Menschen entstehen.

Was haben nun diese zwischenmenschlichen Beziehungen mit deiner inneren Berufung, deinem Ikigai zu tun? Sollst du nicht ganz unbeeinflusst von anderen Menschen danach suchen? Das stimmt nur bedingt. Es ist wahr, dass dein Ikigai in dir schlummert und keine andere Person dir sagen kann, wohin es dich führen wird. Aber dennoch benötigen wir den Kontakt zu anderen inspirierenden Menschen, die uns auf dieser Reise helfen und uns Auftrieb geben. Der Großteil deiner Kraft kommt aus deinem Inneren – doch können wir von dem Wissen, der Weisheit und den unterschiedlichen Sichtweisen unserer Mitmenschen profitieren. Gerade deshalb ist es so wichtig, sich mit ganz unterschiedlichen Persönlichkeiten zu umgeben, die uns immer wieder neue Perspektiven eröffnen.

EIN SOZIALES NETZWERK SPANNEN

Du erinnerst dich noch an die Visualisierung, die deine Herzverbindungen aufgezeigt hat. Bereits dort hast du dich als Knotenpunkt eines komplexen Netzwerks gesehen. Der Mensch ist als soziales Wesen veranlagt. Auch wenn wir als Individuen wahrgenommen werden möchten, können wir doch nur in Gemeinschaft unser volles Potential ausschöpfen. Doch wie genau knüpfen wir Kontakte zu denjenigen Menschen, die uns gut tun? Wie schaffen wir ein Umfeld, in dem wir einander positiv beeinflussen und voneinander profitieren? Wenn du die folgenden fünf Punkte beherzigst, steht dir nichts mehr im Wege.

1. Die Beziehung zu dir selbst wirkt sich auf alle anderen aus. Wenn du mit dir selbst im Reinen bist, wirkst du gelassener und zufriedener. Diese selbstsichere und positive Grundhaltung macht dich attraktiv für Außenstehende. Im Gegensatz dazu wirkt Unsicherheit eher abschreckend.

2. Ergreife die Initiative. Frage dich selbst: Mit welcher Art von Person möchtest du dich umgeben? Gibt es Menschen, die du wertschätzt und mit denen du gerne mehr Zeit verbringen möchtest? Dann signalisiere genau das! Frage diese Menschen nach Rat, mache ihnen ein ehrliches Kompliment und versuche, Gemeinsamkeiten und Verbindungen zu finden.

3. Achte auf deine Mimik und Gestik. Manchmal senden wir mit unserer Körpersprache unbeabsichtigte Signale. So können dir verschränkte Arme als Abwehrhaltung ausgelegt werden, obwohl du eigentlich ein sehr offener Mensch bist. Es ist wichtig, diese unbewussten Angewohnheiten zu erkennen und durch solche zu ersetzen, die deine innere Haltung widerspiegeln. So vermeidest du Missverständnisse.

4. Achte auf deine Sprache. Zwar ist die Körpersprache das Erste, was andere Personen wahrnehmen, doch direkt danach kommen deine verbalen Äußerungen. Auch hier passiert es schnell, dass wir versehentlich Menschen vor den Kopf stoßen und uns ungenau ausdrücken. Vermeide beispielsweise negative Aussagen und Du-Botschaften, die angriffslustig wirken können.

5. Wie du mir, so ich dir. Behandele deinen Gegenüber so, wie du selbst behandelt werden möchtest. Wie simpel dieses Prinzip ist und dennoch unfassbar wichtig! Es wird unangenehm auffallen, wenn du für dich selbst andere Maßstäbe anlegst oder ein Verhalten einforderst, zu dem du selbst nicht bereit bist.

DIE IKIGAI-DIÄT: MIT GESUNDHEIT ZU EINEM LÄNGEREN LEBEN

Seele, Körper und Geist musst du als Einheit begreifen. Nur wenn diese drei im Einklang sind, kann es dir wirklich gut gehen. Wie möchtest du zum Beispiel die Energie für deine Herzensprojekte, für deine Arbeit, für Unternehmungen aufbringen, wenn du dich schwach oder gestresst fühlst?

Bedenke auch, dass dich dein Körper Tag für Tag zuverlässig trägt. Er mag nicht perfekt sein, manchmal schmerzt er und ist müde. Doch er gibt dir auch Schutz und Stärke, er ist ein Zuhause, das du niemals verlässt. Deshalb ist es nur fair, ihm die Chance zu geben, seine Aufgabe bestmöglich zu erfüllen. Die wichtigste Grundlage dafür sind die Nährstoffe, die du deinem Körper täglich zuführst, also deine Ernährung.

Ein Problem tut sich in der westlichen Welt auf, das der traditionellen japanischen Kultur weitgehend fremd bleibt: Das „zu viel". Uns stehen Supermärkte, Restaurants und Lieferdienste rund um die Uhr zur Verfügung. Wir könnten jeden Tag zehn Mahlzeiten einnehmen und trotzdem nicht alle Möglichkeiten ausprobieren, die uns nahrungstechnisch offenstehen. Dies verursacht unkontrollierten Konsum. Du weißt bestimmt aus eigener Erfahrung, wie schwer es ist, die Grenze zwischen Völlerei und Genuss zu finden. Die „All you can eat" Mentalität des Westens ist dafür verantwortlich, dass Adipositas und Zivilisationskrankheiten wie Herz-Kreislauf-Probleme alltäglich geworden sind. Dazu trägt natürlich auch bei, dass wir uns trotz der Masse der Nahrung nicht ausgewogen genug ernähren. Zu viel Fleisch, zu viel Fett und Zucker, zu viele verarbeitete Lebensmittel. Die Folge ist: Wir essen über unser Sättigungsgefühl hinaus und deutlich mehr, als wir brauchen. Dennoch fehlen uns wichtige Nährstoffe, was sich zusätzlich negativ auf unsere Gesundheit auswirkt.

Doch was kannst du tun, um deinem Körper das zu geben, was er wirklich braucht? Die traditionelle japanische Ernährung könnte der Schlüssel sein. Die Basis bilden *Gemüse, Reis* und *Sojaprodukte*. Man bevorzugt Fisch wie *Thunfisch* oder *Lachs* und verzichtet dafür häufiger auf Fleisch. Getrunken wird in der Regel Tee, insbesondere *grüner Tee.* Diese Ernährungsweise ist fett- und zuckerarm, versorgt dich aber mit allem, was dir gut tut: Das sind wertvolle Omega-3-Fettsäuren, Antioxidantien und Vitamine. Einen Gegensatz zu unkontrolliertem und übermäßigem Essen bildet die Philosophie des ***„hara hachi bu"***. Du isst nicht, bis du komplett gesättigt bist, sondern hörst kurz davor auf.

Das Sättigungsgefühl stellt sich wenig später ein und du vermeidest Bauchschmerzen und ein unangenehmes Völle–gefühl. Selbstverständlich bedeutet diese Ernährungsweise nicht, dass du auf alles verzichten solltest, was ungesund ist, dir aber unheimlich gut schmeckt. Der Schlüssel ist allerdings auch hier, dass du Balance hältst und dein Maß kennst. Es ist wichtig, dass du ohne schlechtes Gewissen und Schuldgefühle genießen kannst. Beispielsweise schätzt du ein Stück Kuchen oder einen Nachtisch mehr wert, wenn du bewusst und dankbar isst. Doch ist deine Ernährung in erster Linie dazu da, um deinen Körper zu stärken und zu versorgen. Sie sollte nicht genutzt werden, um negative Emotionen zu überdecken oder unkontrollierte Gelüste zu befriedigen. Diesen Effekt hat Nahrung nämlich nur kurzfristig, aufrichtig glücklich macht sie dich so nicht.

SANFTE BEWEGUNG: FERNÖSTLICHE LEHRE FÜR EINEN GESUNDEN & FLEXIBLEN KÖRPER

Nicht nur eine gesunde und vollwertige Ernährung, auch Bewegung kann dir zu einem besseren Körpergefühl verhelfen. Wie auch bei ersterer geht es hauptsächlich darum, innere Balance und Harmonie zu erreichen. Was die fernöstlichen Bewegungstechniken auszeichnet, ist die Philosophie dahinter, die aus ihr mehr als ein körperliches Fitnessprogramm macht. Sie fokussiert sich nicht auf den Wettbewerbs- oder Leistungsgedanken, der Sport häufig zugrunde liegt.

Der japanische Begriff „***Undo***" kann allgemein Bewegung bedeuten, wird aber auch im traditionellen Kampfsport verwendet. Allerdings ist er absolut nicht mit westlichen Konzepten wie Turnen oder Joggen zu vergleichen, sondern zielt auf einen ganzheitlichen Effekt ab: Die Seele wird ebenso bewegt wie der Körper. Undo verbindet Konzentrations-, Meditations- und Bewegungsübungen miteinander.

Welche Vorteile bringt dieses Verständnis von Bewegung? In jeder Übung ist Ausgeglichenheit das oberste Ziel. Du entwickelst ein Gespür für deinen Körper und findest deine Mitte. Das wiederum erlaubt es auch deinem Geist, zur Ruhe zu kommen. Die Harmonie deines Körpers zeigt sich vor allem in der sogenannten Ganzkörperbewegung, also eine ausgeglichene Betätigung deiner Arme und Beine sowie deines Oberkörpers. Drei Bedingungen hat die Ganzkörperbewegung, die du leicht zuhause üben kannst:

- ***Shisei*** - *Haltung*
- ***Kincho*** - *Spannung*
- ***Kokyu*** - *Atmung*

Diese Begriffe beziehen sich nicht nur auf den physischen Zustand, sondern auch auf den deiner Psyche. Begib dich zunächst in eine lockere Position, in der du dich wohlfühlst. Achte darauf, dass deine Muskeln gelockert und nicht verspannt sind. Es ist nicht wichtig, ob du stehst oder liegst. In dieser Position verharrst du, allerdings spannst du dich noch nicht an. Es ist ein Moment der Ruhe. Auch deinen Geist versetzt du in diesen ausgeglichenen Zustand. Vermutlich wird es dir beim ersten Mal schwer fallen, deine Gedanken komplett auszuschalten. Versuche deshalb, sie in möglichst ruhigen Bahnen verlaufen zu lassen und den Alltag hinter dir zu lassen.

Beginne dann damit, deinen Bauch und dein Gesäß abwechselnd anzuspannen. Daraufhin folgt die Schulterregion. Gehe dann in deine Ober- und Unterschenkel über, dann in deine Arme, bis du an deinen Füßen und Händen angelangst. Zuletzt spannst du deinen Nacken und Kopf an. Du wirst spüren, dass sich dies auch auf deinen Geist auswirkt. Er fokussiert sich ebenso, wie sich deine Muskeln an- und wieder entspannen. Führe diesen Vorgang mehrmals und bewusst durch. Es geht darum, dich sowohl körperlich als auch seelisch zu spüren.

Im letzten Schritt konzentrierst du dich auf deine Atmung. Versuche nicht nur, deine Lungen atmen zu lassen, sondern den ganzen Körper. Wenn du tief Luft holst, hebt sich deine Bauchdenke, deine Gliedmaßen spannen sich an, dein Rumpf strebt nach oben. So verharrst du einen Moment. Dann lässt du die Luft wieder austreten, woraufhin sich dein Körper und deine Bauchdecke wieder senken. Mit der Luft lässt du auch die Anspannung aus Geist und Muskeln entweichen. Dies wiederholst du mehrmals, bis du deinen natürlichen Rhythmus gefunden hast. Der Zustand, den du so erreichst, wird „***hara***" genannt. Er beschreibt im übertragenen Sinne einen Gleichgewichtszustand und das Verspüren deiner inneren Mitte, sowohl in deinem Körper als auch in deinem Geist. Diese innere Mitte ist das Zentrum deiner mentalen und körperlichen Kraft.

Dieses Konzept klingt im ersten Moment vielleicht abstrakt und wenig lebenstauglich. Vielleicht fragst du dich, wie es konkret dein Leben erleichtern soll. Aber je bewusster du dir dieses Zentrums wirst, desto eher lernst du, wie du es aktivieren und kontrollieren kannst. In stressigen Situationen, in denen hohe Leistungsfähigkeit von dir erwartet wird, reicht mit ein wenig Übung eine halbe Minute, um die Prinzipien des ***shisei, kincho und kokyu*** anzuwenden. So findest du zugleich die innere Ruhe und die Energie, um Alltags- wie Ausnahmesituationen zu bewältigen und dabei dein inneres Gleichgewicht zu wahren.

SELBSTWIRKSAMKEIT & AKTIVE GESTALTUNG VON LEBENSUMSTÄNDEN

Hast du dein Leben im Griff oder umgekehrt? Der Begriff der Selbstwirksamkeit beschreibt die Fähigkeit, die eigenen Lebensumstände aktiv zu beeinflussen und zu gestalten. Verinnerlichen musst du vor allem diese Erkenntnis: *Deine Wünsche, Träume und Vorstellungen sind wichtig.* Manchmal haben wir das Gefühl, dass unser Leben passiv an uns vorbeizieht. Wir sind teilnahmslos und demotiviert, weil wir unseren Einfluss auf das Leben unterschätzen. *Was kann ich denn daran ändern? Mir fehlt die Kraft, die Disziplin, der Ehrgeiz.* Doch das ist grundlegend falsch. Denn deine Wünsche sind es wert, realisiert zu werden. Du darfst es wagen, Raum einzunehmen und große Träume zu haben. Aber nicht nur deine übergeordneten Lebensziele umfasst die Selbstwirksamkeit. Jeden einzelnen Tag müssen wir die Herausforderungen des Alltags meistern, ohne uns von ihnen überwältigen zu lassen. Doch wenn wir uns in einem Restaurant schon kaum für ein Mittagessen entscheiden können und mit unserer Wahl hadern, wie sollen wir dann erst die großen Schwierigkeiten unseres Alltags und unseres Lebens bewältigen? Die folgenden beiden Regeln musst du immer im Hinterkopf behalten und konsequent anwenden.

1. Vergiss die „Ganz oder gar nicht"-Mentalität. Es ist uns nicht an allen Tagen möglich, 100% zu leisten. Das ist verständlich und menschlich. Doch dürfen wir nicht in das totale Gegenteil abrutschen und das Leben phasenweise komplett an uns vorbeiziehen lassen. Wenn du nicht alles erreichen kannst, versuche es mit 70%. Versuche es mit der Hälfte oder sogar noch weniger. Kleine Schritte sind besser als keine und auch darauf darfst du stolz sein. Wenn du beispielsweise nicht konzentriert arbeiten kannst, ist die Lösung nicht, tagelang in deiner Wohnung zu sitzen und nichts zu tun. Lenke dich ab, suche dir andere Aufgaben und versuche es dann erneut.

2. Schiebe Entscheidungen nicht auf. Vor allem große Entscheidungen treffen wir ungerne. Zu groß ist die Angst, eine falsche Wahl zu treffen und diese später womöglich zu bereuen. Doch lässt sich eine Entscheidung nicht unendlich aufschieben. Irgendwann ist die Chance vertan und wir ärgern uns noch mehr darüber, dass wir nun keine Wahl mehr haben. Am besten gehst du Entscheidungen so zügig und rational wie möglich an. Das Abwägen von Pro und Contra ist ein guter Anfang, beispielsweise in Form einer Liste. Und selbst wenn dies zu keinem Ziel führt, sogar eine zufällige Wahl ist besser als keine.

TRADITIONEN & BRÄUCHE DER LANGLEBIGEN

Japan ist nicht nur die Heimat des Ikigai, sondern auch das Land mit der weltweit höchsten Lebenserwartung. Besuchen wir beispielsweise im Geiste die japanische Inselgruppe Okinawa, genauer gesagt das Dorf Ogimi. Es liegt ländlich und abgeschieden, Touristen finden selten ihren Weg hierher. Doch interessiert uns eine Sache ganz besonders: Nirgendwo leben so viele hundertjährige Menschen wie in Ogimi. Liegen hier das Paradies auf Erden und der Schlüssel zu einem glücklichen und langen Leben?

Keine Frage: Regelmäßige Bewegung und eine ausgewogene Ernährung halten jung. Aber mit Sicherheit wurzeln die Gesundheit und Lebensfreude der Hundertjährigen auch in der japanischen Philosophie und Weisheit. Denn nicht nur der Körper, auch Geist und Seele sollen erfüllt und aktiv bleiben. Der Gedanke des Ikigai spielt hierbei eine elementare Rolle. Wie oft hast du es schon erlebt, dass Menschen in Antriebslosigkeit und Demotivation verfallen, bei weitem nicht nur ältere Personen, sondern solche in der Mitte ihres Lebens? Das passiert den Hundertjährigen auf

Okinawa nicht. Sie sind aktiv, arbeiten körperlich, verbringen Zeit mit Familie und Freunden und widmen sich ihren Hobbys.

Und dabei verlieren sie vor allem eines nicht: ihre Lebensfreude. Was können wir von den Menschen aus Ogimi lernen?

1. Aktivität. Ogimi ist geprägt von Natur und Landwirtschaft, deshalb leben die Menschen wenig beeinflusst von der industrialisierten Gesellschaft. Wolkenkratzer, Wirtschaft und Büroarbeit beeindruckt sie wenig. Ihr Tagewerk besteht aus körperlicher Betätigung, die einen am Ende des Tages erkennen lässt, was man geleistet hat. Die Arbeit in der Natur erdet den Menschen und lässt ihn trotz körperlicher Anstrengung zur Ruhe kommen. Wie können wir diesen Faktor in unser Leben integrieren? Auch in deinem modernen westlichen Lebensstil ist Platz für ein wenig Arbeit in der Natur. Selbst wenn du keinen eigenen Garten hast, existieren mittlerweile Gemeinschaftsgärten in Städten. Es ist sogar möglich, in fremden Gärten und auf Bauernhöfen auszuhelfen.

2. Gemeinschaft. Einsamkeit betrachtet man als Leiden des Alters, doch ist dem tatsächlich so? Unfassbar viele junge Menschen sind so von ihren Verpflichtungen und ihrer Arbeit vereinnahmt, dass soziale Kontakte komplett untergeordnet werden. Die Folge: Sie vereinsamen, fühlen sich allein gelassen und finden keine Möglichkeit zum Austausch. Wenn es dir ähnlich geht: Verschiebe deine Prioritäten und räume Familie und Freunden bewusste Zeiträume ein, in denen du dich ihnen voll und ganz widmest. Auch ein soziales Ehrenamt kann dir dabei helfen, Gemeinschaft zu erleben, während du selbst anderen Menschen etwas Gutes tust.

3. Die Abwesenheit von Stress. Die Menschen in Ogimi sind aktiv, arbeiten hart und sind meist beschäftigt. Stress sucht man dort dennoch vergeblich. Woran liegt das? Wohl vor allem daran, dass Stress eine Frage der persönlichen Einstellung ist. Selbst wenn äußere Faktoren wie Zeitdruck oder Anspannung existieren, kannst du entscheiden, wie du damit umgehst. Die Hundertjährigen haben eine innere Balance, die zwar auch in ihrer Lebenserfahrung wurzelt, die wir uns aber dennoch als Vorbild nehmen können. Wichtig ist: Stress erhöht deine Leistungsfähigkeit nicht, ganz im Gegenteil. Du kannst deine Arbeit nervös und unter Hochdruck erledigen, weil du dich von äußeren Begebenheiten beeinflussen lässt. Oder du verrichtest sie mit einer heiteren Grundeinstellung, behältst einen ruhigen Geist und neigst dadurch zu weniger Fehlern. Du entscheidest!

Die Freude an kleinen Dingen entdecken

Fragt man die meisten Menschen nach ihrer Definition von Glück, werden häufig große Begriffe genannt. Doch liegt die Antwort wirklich ausschließlich in Antworten wie Erfolg oder der Abwesenheit aller Sorgen? Oder macht uns dieser enorme Anspruch nicht blind für die kleinen Freuden des Lebens, die aber ebenso wichtig sind? Auch wenn man Ikigai mit Lebenssinn übersetzen kann, lautet eine etwas weniger förmliche Übersetzung: „Weshalb es sich lohnt, jeden Tag aufzustehen." Nun frage dich selbst: Lohnt es sich tatsächlich nur, für ein einziges, übergeordnetes Ziel aufzustehen? Oder ist es nicht auch eine Vielzahl an kleinen Dingen, die dein Leben lebenswert machen?

Manchmal verwehrt sich der Mensch sein eigenes Glück, indem er es einfach nicht sieht. Er ist blind für so vieles, das ihn erfüllen und bereichern könnte, weil sein Blick auf scheinbar Höheres gerichtet ist. Allerdings kannst du ganz gezielt üben, auch die kleinen Dinge des Lebens wertzuschätzen und deine Lebensqualität zu steigern, ohne dass sich deine äußeren Lebensumstände ändern. Der Wandel findet in deinem Inneren statt, in deiner Wahrnehmung.

Wie aber entwickelst du ein Bewusstsein für die Dinge, die dein Leben bereichern? Ein Fakt ist, dass man Dankbarkeit trainieren kann. Finde zunächst jeden Tag eine kleine Sache, die dich glücklich gemacht hat. Steigere dich auf drei, auf fünf, sogar zehn Dinge wirst du finden. Die Welt ist voller Wunder, du musst sie nur sehen!

Ein Dankbarkeitstagebuch kannst du leicht in deinen Alltag integrieren. Die Idee ist simpel, mehr als ein Notizheft, einen Stift sowie einige Minuten freie Zeit benötigst du nicht. Jeden Abend reflektierst du das Erlebte und schreibst Dinge auf, die dich heute dankbar und glücklich gemacht haben. Vielleicht sorgst du dich, dass dir an manchen Tagen einfach nichts einfällt, das dich mit Dankbarkeit erfüllt hat. Aber keine Sorge, nichts ist zu banal oder zu selbstverständlich, um nicht in deinem Dankbarkeitstagebuch erwähnt zu werden. Denke zum Beispiel an Dinge, die man mit Geld nicht kaufen kann: Die Wärme der Sonne, die du gespürt hast. Eine freundliche Geste oder Aufmerksamkeit. Aber auch eine gute Tasse Tee oder Kaffee kann den Unterschied machen, ob du einen gewöhnlichen oder großartigen Tag hast. So ist es in Japan üblich, den Tag mit grünem Tee und einer kleinen Süßigkeit zu beginnen, was die erste Freude des Alltags bildet. Mögliche Fragen, die du dir zusätzlich in deinem Dankbarkeitstagebuch stellen kannst:

- Wie würde ich Zufriedenheit oder Glück am heutigen Tag definieren?
- Worauf freue ich mich in Zukunft?
- Wofür bin ich mir selbst dankbar?

Der Sinn im Leben & relevante persönliche Ziele

Eine japanische Geschichte erzählt von einer Frau, die dem Tode nahe, eine Stimme hört. Diese Stimme fragt sie: *Wer bist du?* Mehrmals antwortet die Frau. Sie sei die Frau des Bürgermeisters, die Mutter von vier Kindern und außerdem Lehrerin. Doch die Stimme ist unzufrieden mit den Antworten und bohrt nach: *Ich möchte nicht wissen, wessen Frau oder Mutter du bist oder welchen Beruf du ausübst. Wer bist du?* Letztlich antwortet die Frau, die einen Moment der Erleuchtung verspürt: *Ich bin diejenige, die jeden Tag aufsteht und meine Familie umsorgt! Ich bin diejenige, die den Schülern Wissen vermittelt!* Endlich ist die Stimme mit der Antwort zufrieden.

Am nächsten Morgen wacht die Frau auf, das Leben hat ihr eine neue Chance geschenkt. Doch es ist kein Tag wie jeder andere, denn etwas hat sich verändert: Sie spürt eine tiefe Zufriedenheit und Ruhe in sich. Wie immer verrichtet sie ihre Arbeit, kümmert sich um ihre Kinder und unterrichtet ihre Schüler. Doch nun treibt sie ein innerer Lebenssinn an. Die Frau weiß, wieso sie tut, was sie tut. Sie hat ihr Ikigai gefunden.

Was zeigt uns diese kleine Geschichte? Wir müssen unseren Lebenssinn klar vor Augen haben. Das Ikigai gibt dir Antrieb und eine Richtung in deinem Leben. Selbst in Phasen, in denen du Demotivation oder Passivität verspürst, musst du dich einfach neu auf dein Ikigai besinnen und findest so die Orientierung wieder. Die Geschichte verdeutlicht die immense Macht des Ikigai: An der Schwelle des Todes besinnt sich die Frau darauf, welche Aufgabe sie erfüllt und wie diese Aufgabe für sie selbst wiederum erfüllend ist. Im übertragenen Sinne kannst du jedes Problem und jede Schwierigkeit überstehen, wenn du dein Ziel und deine Beweggründe fest im Blick hast.

TÄTIGKEITEN DER INNEREN FREUDE TÄGLICH LEBEN

Es stellt sich dir aber vielleicht immer noch die Frage, wie du deinen Lebenssinn in dein tägliches Leben integrieren kannst. Nicht jeder Mensch findet beispielsweise seine Erfüllung in dem Beruf, den er aktuell ausübt. Kann er dennoch jeden Tag sinnerfüllend gestalten und sein Ikigai ausleben? Selbstverständlich! Die meisten Tätigkeiten, die Menschen als sinnstiftend empfinden, verbinden die folgenden zwei Aspekte.

- **Sei kreativ.** Musiziere, schaffe Kunstwerke, schreibe Texte oder verfasse Lieder und Gedichte. Es ist vollkommen irrelevant, auf welchem Niveau du deine Kreativität auslebst, als Amateur hast du dieselbe Daseinsberechtigung wie ein professioneller Künstler. Vergleiche dich nicht mit anderen, kritisiere deine Arbeit nicht scharf und vergiss jedes Konkurrenzdenken. Was du mit deinem Geist schaffst, ist ein Selbstzweck: Du tust es für dich, weil es dich erfüllt.

- **Nutze deine Hände.** Dazu gehören zum Beispiel das Anfertigen von Handarbeiten, Gärtnern und Kochen. Es ist unfassbar befriedigend, am Ende deiner Tätigkeit ein Produkt in den Händen zu halten, das du selbst geschaffen hast. Während du arbeitest, kannst du in einen medi–tativen Zustand gelangen, indem du nur noch im Moment existierst und alles bis auf deine aktuelle Aufgabe ausblendest.

Die Tätigkeiten, die du ausübst, können dir zu einem Flow-Moment verhelfen, den du bereits kennen gelernt hast. Körperliche und geistige Anstrengung rücken komplett in den Hintergrund, du gönnst dir selbst bewusst eine Pause von deinen alltäglichen Sorgen.

Andere Tätigkeiten, die diesen Zustand begünstigen, sind anregende geistige Beschäftigungen, beispielsweise das Lösen von Rätseln oder Sudokus sowie das Lesen von Büchern. Doch vielleicht kommt dir das alles schwer realisierbar vor. Dein Alltag ist voller Verpflichtungen und Notwendigkeiten, dass du vielleicht einmal wöchentlich die Zeit findest, zu gärtnern oder zu lesen, aber jeden Tag? Erscheint dir das unmöglich? Das bedeutet nicht, dass du auf die Momente der Freude verzichten musst. Denn die Steigerung hiervon ist, dass du alltägliche Pflichten als Tätigkeiten wahrnimmst, die dein Wohlbefinden und dein Glück steigern. Äußerlich ändert sich wenig, der Wandel findet in deinem Geist statt. Der wichtigste Gedanke ist der Wechsel von *„Ich muss…“* zu *„Ich darf und* *ich verdiene…“.*

Ein Beispiel: Haushaltsarbeiten sind meist lästig und werden deshalb von vielen Menschen aufgeschoben. *Ich muss die Küche putzen. Ich muss den Boden wischen, obwohl ich keine Lust habe.* Doch warum tun wir all diese Dinge? Unseretwegen! Wir möchten uns in einem sauberen und aufgeräumten Umfeld aufhalten, weil wir es verdienen, uns in unserer Wohnung gut zu fühlen. Man kann sogar so weit gehen, dass die einfachen häuslichen Arbeiten ein Akt der Selbstliebe sind, weil du dir damit die Umgebung schaffst, die du dir wünschst.

BERUFUNG & BERUF

Was ist Berufung, was ist Beruf? Und was hat beides mit deinem persönlichen Ikigai zu tun? Im besten Falle sind diese drei Aspekte eng miteinander verknüpft, wie dir das folgende Modell zeigen wird. Beantworte zunächst diese vier Fragen:

1. Was liebst du zu tun?

Bestimme deine Neigungen: Worüber kann ich stundenlang reden? Wofür kann ich andere begeistern? Was löst positive Emotionen in mir aus?

2. Wofür kannst du bezahlt werden?

Schätze deine Chancen realistisch ein: Wie kann ich mein Potential beruflich am ehesten ausschöpfen? Welcher Beruf ist mit mir und meinem Leben kompatibel? Bin ich damit zufrieden?

3. Was machst du sehr gut?

Bestimme deine Talente: Worin liegen meine charakterlichen Stärken? Was hebt mich von anderen ab? Wie kommen meine Begabungen und Fähigkeiten am ehesten zum Vorschein?

4. Was kannst du der Welt geben?

Frage dich, wie du die Welt zu einem besseren Ort machen kannst: Welche Anliegen, beispielsweise sozial, ökologisch, politisch, liegen mir besonders am Herzen? Für welche Werte trete ich vehement ein?

Du kannst dir vier Kreise auf ein Papier aufmalen und deine Antworten hineinschreiben. Jeder Frage ist dabei ein Kreis zugeteilt. In einem zweiten Schritt versuchst du, Überschneidungen und Verbindungen zwischen den vier Feldern zu finden. Deine Neigungen und deine Talente ergeben deine **Leidenschaft**. Das sind Tätigkeiten in deinem Leben, die dir einerseits Freude bereiten und die du andererseits gut beherrschst. Deine Neigungen und ihr Mehrwert für die Gesellschaft bilden deine **Mission**. Du kannst sie nutzen, um die Welt zu verbessern. Deine Fähigkeiten, für die du bezahlt werden kannst, sind dein **Beruf**, der nötig ist, um dich finanziell abzusichern. Deine beruflichen Optionen können aber auch der Gesellschaft

Gutes bringen. Dies ist der letzte Aspekt, nämlich dein **höheres Ziel**. Dieses hast du immer vor deinem inneren Auge, es gibt dir Orientierung und Motivation.

Versuche, diese vier Aspekte mit konkreten Tätigkeiten deines Lebens zu füllen. Es ist nicht schlimm, wenn du nicht ganz zufrieden mit deinen Antworten bist und noch zweifelst. Dein Ikigai ist komplex und facettenreich, es fällt uns schwer, es auf wenige Stichpunkte herunterzubrechen. Das bedeutet nicht, dass du etwas falsch gemacht hast oder dein Lebenssinn nicht existiert! Viel eher befindest du dich noch mitten auf der Reise, weshalb es ganz normal ist, dass du noch offene Fragen hast. Wenn du dich jedoch auf deine vier Antworten festgelegt hast, versuchst du noch einmal, Gemeinsamkeiten zwischen ihnen zu finden. Je näher auch sie beisammen liegen, desto eher bist du deinem Ikigai auf der Spur.

Beispielsweise kann alles darauf hinauslaufen, dass du ein Planer bist, den Überblick behältst und gut organisieren kannst. Auf der Arbeit und in deinem Privatleben erfüllt es dich, eine Führungsposition einzunehmen und Verantwortung zu tragen. Vielleicht hat deine Berufung aber auch etwas damit zu tun, kreativ zu arbeiten. In einer bestimmten Tätigkeit deines Lebens können Mission, Leidenschaft, Beruf und auch dein höheres Ziel aufeinandertreffen. Wenn du das

Gefühl hast, dass dein Leben auf keinen bestimmten Sinn hinausläuft, ist das kein Grund zur Verzweiflung. Es bedeutet bloß, dass du ein wenig mehr suchen musst, sowohl in deinem Leben, als auch in deinem Inneren. Dann kannst du einen Schritt oder sogar an den Anfang zurückkehren und die Fragen erneut beantworten. Sei so ehrlich wie möglich und lass dich nicht von äußeren Erwartungen oder Lebensbedingungen beeinflussen. Denn auch dein Ikigai ist frei davon. Versuche auch nicht, das Ergebnis in eine bestimmte Richtung zu lenken. Du suchst dir dein Ikigai nicht bewusst aus, sondern findest es. Was du hingegen selbst beeinflussen kannst: wie erfolgreich, sinnhaft und zufrieden du dein Leben lebst, indem du deine Berufung und deinen Lebenssinn stetig verfolgst.

PERSÖNLICHES WACHSTUM

Du weißt bereits, dass nichts im Leben unveränderlich ist. Du kannst den Fluss der Zeit nicht anhalten und in der Vergangenheit leben. Auch dein Ikigai ist nicht in Stein gemeißelt, sondern dynamisch: Es passt sich dir und den sich veränderten Umständen in deinem Leben an. Für dich bedeutet das: Um erfolgreich und glücklich mit dem Leben mitzuhalten, musst auch du dich permanent verändern und anpassen. Und eine positive Entwicklung entspricht einem persönlichen Wachstum.

1. Fürchte dich nicht vor Veränderungen. Mit am wichtigsten ist deine Einstellung gegenüber dem sich stetig wandelnden Leben. Du kannst dir absolut sicher sein, dass Veränderungen kommen werden, ob du für sie bereit bist oder nicht. Denke beispielsweise daran, wie ängstlich Menschen auf technische Neuerungen reagiert haben: zuerst Radios, dann Fernseher, dann Smartphones. Die Gewinner der Geschichte sind diejenigen, die das Potential dieser Veränderungen erkannt und sie bestmöglich genutzt haben.

2. Finde deinen eigenen Weg. Auf ausgetretenen Pfaden begegnet man wenig Neuem. Wenn du eine Vision hast, dann verfolge sie, indem du dir das nötige Wissen und Grundbedingungen aneignest. Ob du eine neue Geschäftsidee hast oder der erste Akademiker in deiner Familie bist: Lass dich nicht von deinen Mitmenschen beschränken oder dir einreden, dass deine Ziele nicht realisierbar sind.

3. Nimm Hilfe an. Es ist nicht beschämend, Unterstützung und ein wenig Rückenwind zu erhalten. Im Gegenteil: Viele Menschen finden nicht die Stärke, sich einzugestehen, dass sie Hilfe benötigen. Das trifft insbesondere auf erfolgreiche Menschen zu, die daran gewöhnt sind, alles alleine zu schaffen. Dieser Punkt widerspricht auch nicht dem vorangegangenen, denn du musst kein Einzelkämpfer sein, um als Individuum mit eigenen Wünschen, Träumen und Visionen wahrgenommen zu werden.

4. Sei beharrlich. Du suchst dir dein eigenes Tempo aus und darfst kleine Schritte gehen oder langsamer werden. Das Leben ist kein Wettlauf.

Doch solltest du niemals aufhören, an dich zu glauben und in deine persönliche Entwicklung zu investieren. Behalte immer dein Ziel im Hinterkopf und denke an die Geschichte von der Schildkröte und dem Hasen:

Bei einem Wettlauf hat der Hase einen so immensen Vorsprung, dass er sich ins Gras fallen lässt und einschläft. Siegessicher gönnt er sich eine Pause. Die viel langsamere Schildkröte überholt den schlafenden Hasen: Ihre Beharrlichkeit und Konsequenz hat sich ausgezahlt, obwohl sie eigentlich deutlich langsamer ist. Diese Geschichte kannst du als Metapher für das Leben und dein stetiges Voranstreben begreifen.

Im Hier und Jetzt sein

Ertappst du dich manchmal dabei, wie du grübelst und grübelst? Du fragst dich, was du hättest besser machen können, wo der Fehler in deinem Verhalten lag, was wäre wenn… Oder andererseits redest du dir selbst ein, dass etwas in Zukunft schief gehen könnte, etwas sicherlich nicht funktionieren wird, du etwas nicht schaffst...

Diese Gedanken verselbständigen sich irgendwann so sehr, dass sie deinen gesamten Geist bestimmen. Du merkst vielleicht, dass sie dir nicht gut tun und auch nicht produktiv sind. Weder dein Wohlbefinden noch deine Leistungen steigern sich durch dieses

Gedanken–karussell. Doch häufig ist es dann sehr schwer, aus diesen Gedanken auszusteigen.

Wenn du dir nicht sicher bist, ob du dich in gesundem Maße mit einem Problem beschäftigst oder immer tiefer in eine negative Denkspirale rutschst, kannst du deinen Gedanken einfach auf seine Berechtigung testen. Konzentriere dich zwei Minuten konsequent auf ihn und denke ihn sozusagen „zu Ende". Kommst du einer Lösung näher? Hast du neue Erkenntnisse gewonnen? Dann bist du auf einem guten Weg und denkst produktiv. Wenn du dich mental hingegen nur im Kreis drehst und keine Fortschritte machst, ist jetzt der richtige Moment, deinem Geist ein Stoppschild aufzuzeigen. Es reicht!

1. Was in der Vergangenheit liegt, kannst du nicht ändern.
2. Was dir die Zukunft bringen wird, kannst du nicht wissen.

Durch diese beiden Einsichten gibst du einen Teil der Verantwortung ab, die du für Handlungen in der Vergangenheit oder in der Zukunft empfindest. Das bedeutet, dass du mehr Kraft und geistige Kapazitäten für die Gegenwart hast. Dabei helfen, können dir auch die folgenden Punkte:

1. Trenne Gedanken von Tatsachen. Wenn wir uns in einem Thema versenken, fällt es uns schwer, unsere subjektiven Erfahrungen und Gefühle von der objektiven Realität zu unterscheiden. Du siehst nicht mehr klar, was ein existierendes Problem ist und wo du dir womöglich selbst Probleme schaffst. Achte auf deine Sprache, selbst in deinem Kopf. „Ich denke, dass…" Distanziere dich auch von deiner derzeitigen Gedankenwelt und versetze dich in einen äußeren Betrachter hinein. Könnte ein Außenstehender deine aktuelle Situation nachvollziehen? Würde er bestimmte Probleme in Relation setzen oder vielleicht erst gar nicht als Probleme erkennen?

2. Verabschiede dich bewusst von belastenden Gedanken. Vielleicht erkennst du bereits, dass dir ein bestimmtes Denkmuster mehr schadet als nützt. Dennoch ist es so tief in deinem Gehirn verankert, dass du es nicht ablegen kannst. In diesem Falle kannst du den Gedanken auf ein Stück Papier schreiben und dieses dann zerreißen, verbrennen oder wegwerfen. Nicht nur das Papier geht, sondern auch der Inhalt.

Geistig kannst du dir vorstellen, dass deine negativen Gedanken leichte Feder oder Blätter sind, die du loslässt. Der Wind oder die Strömung in einem Fluss treibt sie davon, immer weiter weg von dir und deiner

Lebensrealität. Sie haben ihren Einfluss auf dich verloren. Du bist frei von ihnen.

AUTONOMIE & SELBSTBESTIMMTHEIT

Als Individuum, das trotzdem in einer Gesellschaft verankert ist, befindest du dich in einem ständigen Spagat zwischen dir selbst und deinen Mitmenschen. Das betrifft beispielsweise die Erwartungshaltung, die Prioritäten oder das Wertegefüge. Je stärker du selbst und die Ansprüche der Gesellschaft auseinanderdriften, desto eher eckst du an. Diese Erfahrung, die wohl jeder einmal macht, ist häufig nicht angenehm.

Die Folge: Oft versuchen wir, so unauffällig und angepasst wie möglich zu leben und nehmen sogar in Kauf, dass unsere persönlichen Ideale in den Hintergrund rücken. Das ist fatal! Denn langfristig vergisst du so, was du selbst möchtest, erwartest und wünschst. Dies ist jedoch eng verbunden mit deinem Ikigai, deinem Lebenssinn und deiner Bestimmung. Bist du wirklich gewillt, zugunsten oberflächlicher und scheinbarer Harmonie deine tiefe Erfüllung zu vernachlässigen? Nimm dir ein Blatt Papier und schreibe auf, was du an dir selbst schätzt und welche Werte du vertrittst. Finde mindestens drei, aber auch mehr sind möglich. Du schreibst es nur für dich auf und musst dich nicht auf Reaktionen deines Umfelds einstellen. *Das Blatt Papier ist in diesem Moment ein urteilsfreier Raum.* Wenn du das getan hast, kannst du diese Werte mit deiner Lebensrealität abgleichen:

- Stehe ich für mich selbst und meine Prinzipien ein?
- Treffe ich meine eigenen Entscheidungen oder bin ich fremdbestimmt?
- Wovor fürchte ich mich? Was schränkt mich ein oder setzt mich unter Druck?
- Spüre ich meinen inneren Kompass? Wohin möchte er mich führen?

Je näher deine Werte und dein Lebenswandel beieinanderliegen, desto näher bist du an deinem Ikigai und desto mehr ruhst du in dir. Du bist nicht abhängig von externer Anerkennung und Bestätigung, weil du bereits weißt: Was ich tue, tue ich aus Überzeugung. Du musst dich vor einer einzigen Person verantworten können, dir selbst.

Automatisch wirst du dir Fragen stellen, wie: Mögen mich andere Menschen und wirke ich maximal sympathisch? Erkennen sie meine Leistungen an? Wie kann ich geliebt und bestätigt werden? In diesem Falle ist es am einfachsten, wenn du die Fragen nicht komplett ablehnst, sondern dein Umfeld durch dich selbst ersetzt. Magst *du* dich selbst? Bist *du* stolz auf deine Leistungen?

Dennoch existieren Individualität und Unabhängigkeit um ihrer selbst willen. Deine Ideale und Wünsche müssen dir geistig immer präsent sein, sodass dich dein Umfeld nicht vereinnahmen und zu sehr beeinflussen kann. Andererseits ist es möglich, Selbstbestimmtheit zu leben und sich zugleich in die Gesellschaft einzufügen. Du musst nicht aus Prinzip den Weg des größten Widerstandes wählen, um in jedem Fall dem Kollektiv einen Strich durch die Rechnung zu machen. Autonomie und Selbstbestimmtheit ist viel mehr! *Viel eher bist du dir selbst immer bewusst, wer du bist und was du möchtest.*

RESILIENZ & HERAUSFORDERUNGEN MIT EINEM LÄCHELN MEISTERN

Fällst du siebenmal um, so steh achtmal auf.
– japanische Volksweisheit

Resilienz als Geheimnis für ein erfolgreiches Leben und eine gefestigte Persönlichkeit: Das vorangegangene Zitat bringt die nötige Grundhaltung, die du dafür brauchst, genau auf den Punkt. Denn da steht nicht: *Du darfst niemals hinfallen*. Der Schlüssel ist bloß, dass du immer wieder aufstehst!

1. Akzeptiere dein Scheitern. Es ist menschlich und du musst dich dafür niemals schämen. Es bedeutet, dass du etwas versucht hast, was du das nächste Mal besser machen kannst. Ganz egal, ob du durch eine Prüfung fällst, dir ein Fehler während der Arbeit passiert oder du zwischenmenschlich etwas falsch machst: So gut wie kein Moment des Scheiterns ist unwiderruflich. Selbst wenn sich dir nicht exakt dieselbe Chance ein zweites Mal bietet, eröffnen sich dir neue Wege.

2. Handle proaktiv. Der Mensch ist ein Verdränger, er schiebt Unangenehmes von sich weg und will sich nicht damit befassen. Doch die meisten Krisen entstehen erst aus kleinen Problemen, die ignoriert werden. Indem du aufmerksam auf Veränderungen in deiner Umwelt achtest und kleine Störfaktoren sofort angehst, sitzt du immer am längeren Hebel und lässt dich nicht in die Enge treiben.

3. Bleib ruhig und gelassen. Es liegt an dir, ob du Probleme vor dir siehst oder Herausforderungen. Beide müssen gelöst werden, doch letztere bieten dir eine Chance, von ihnen zu profitieren und daran letztlich zu wachsen. Ein Problem kontrolliert dich: Du spürst Leistungs- oder Zeitdruck und stehst unter Zugzwang. Bei einer Herausforderung ist es genau umgekehrt. Du bewältigst sie auf deine Art und wendest deine eigenen Spielregeln an. Je ruhiger und gelassener du eine Herausforderung angehst, desto eher kannst du sie erfolgreich bewältigen und desto weniger übt sie Kontrolle auf dich aus.

Dank deiner Resilienz bist du in der Lage, dein Potential zu nutzen. Nichts kann dir dein Selbstvertrauen und deine Gelassenheit rauben und von Niederlagen lässt du dich nicht entmutigen. Andererseits bedeutet Resilienz aber auch nicht, dass du gleichgültig und unempfindlich gegenüber deiner Gefühls- und Außenwelt wirst. Schmerz, Angst und andere Gefühle in deinem Leben musst du nicht verleugnen und verdrängen. Das ist nur eine scheinbare, vorgespielte Stärke, während dein Inneres keine echte Ruhe und Ausgeglichenheit erreicht. Stattdessen findest du einen Weg, negative Gefühle und Erfahrungen gesund und vollständig zu verarbeiten:

- *Mein Misserfolg definiert mich nicht. Ich bin deshalb nicht weniger wert.*
- *Aus seinen Fehlern lernt man. Wer niemals verliert, entwickelt sich nicht weiter.*
- *Ich habe mein Leben im Griff und stehe über seinen Schwierigkeiten.*

ACHTSAMKEIT

Erinnerst du dich noch genau an deinen heutigen Morgen? Wie roch die Luft, wie schmeckte dein Kaffee oder Tee? Weißt du, wie sich dein Handtuch anfühlte? Sehr wahrscheinlich bist du ratlos, wenn du versuchst, diese Fragen zu beantworten. So ergeht es zumindest den meisten Menschen. Das liegt daran, dass ein Großteil unseres Lebens aus Automatismen und unbewussten Handlungen besteht. Das ist auch gar nicht schlimm, denn auch das Unterbewusstsein erfüllt seinen Zweck: Wir können uns nicht wegen sämtlicher Details unseres Lebens den Kopf zerbrechen. Die Kehrseite aber ist, dass vieles in deinem Leben an dir vorüberzieht, ohne dass du es wertschätzt und tatsächlich wahrnimmst.

Begünstigt wird das durch dies durch Alltagsstress und moderne Phänomene wie Multitasking. Unser Leben ist eng getaktet und voller Verpflichtungen und Aktivitäten. Wenn wir etwas nicht rechtzeitig erledigen können, tun wir mehrere Dinge gleichzeitig. Gefrühstückt wird im Laufen und mit dem Smartphone in der Hand, die Städte sind voller Menschen, die sich auf den Straßen drängen und dabei einen *Coffee To Go* trinken. Irgendwann fragen wir uns aber: Leben wir überhaupt wirklich? Wenn mein Leben so vollgestopft ist, dass ich mich an kaum etwas erinnere und die Details miteinander verschwimmen? Zum Glück ist es jedoch möglich, das bewusste Wahrnehmen und Achtsamkeit im Alltag zu trainieren. Wenn sich deine Aktivitäten und dein Geist verlangsamen, wirst du bemerken, dass auch deine Lebenszeit scheinbar langsamer vergeht. Du bist wieder in der Lage, alltägliche Dinge zu genießen und wertzuschätzen. Insbesondere über deine Sinneseindrücke findest du einen Zugang zu einer bewussten Wahrnehmung.

Schließe die Augen. Du hältst nichts in deinen Händen. Langsam bewegst du deine Finger, einen nach dem anderen. Spürst du, wie beweglich deine Gelenke sind? Befühle deine Hände.

Vielleicht sind sie rau, weil du körperlich gearbeitet hast, vielleicht aber auch ganz weich. Du ertastest blind deine Fingernägel, die Falten in deinen Handflächen. Es sind nur Hände, die Hände, die du dein ganzes Leben schon hast. Und dennoch: Wann hast du sie das letzte Mal bewusst gespürt?

Achtsamkeit zu leben kostet weder Zeit noch große Anstrengung, du brauchst keine Hilfsmittel, sondern bloß deinen Geist. Bemühe dich, in deinem Alltag Momente der Achtsamkeit einzubauen. Obwohl es am Ende des Tages nur wenige Minuten sind, wirst du dich am Ende des Tages an deutlich mehr erinnern können. Vor allem aber bist du in der Lage, deine Erfahrungen nicht nur sachlich zu beschreiben, sondern auch darüber Auskunft zu geben, wie du sie empfunden hast. *Das Leben lebst du, indem du es fühlst.*

1. Iss deine Mahlzeit, ohne von Mitmenschen oder

Medien abgelenkt zu werden. Wir neigen dazu, Essen zu verschlingen. Nimm diesmal kleine Bissen, die du lange kaust. Wie ist die Konsistenz der Nahrung? Welche Geschmacksnerven werden angesprochen? Schmeckst du vielleicht sogar einzelne Gewürze heraus?

2. Betrachte ein Foto oder ein Bild! Es kann eines sein, das du bereits kennst. Beschreibe in deinem Geist, was du siehst. Werde detaillierter, bestimmt fallen dir winzige Dinge auf, die du noch nie zuvor wahrgenommen hast. Was ist im Hintergrund, an den Bildrändern und in den Ecken abgebildet? Wie nimmst du die Farben und Formen wahr?

3. Schließe die Augen und höre! Weder Musik noch das Radio stören dich. Auch Menschen sollten nicht reden. Zuerst nimmst du deine Umgebung als still wahr, doch die Geräuschkulisse wächst. Ein fernes Rauschen, der Wind, deine Nachbarn, die knackende Heizung sind unauffällige Geräusche, die du jetzt vielleicht zum ersten Mal bemerkst.

DER ATEM IM FLUSS

Lass los! Entspann dich! Wie, fragst du dich? Wir beginnen bei unserem Atem. Von deinem ersten Atemzug bei deiner Geburt bis zu deinem letzten, wenn du stirbst, hört er niemals auf. Manchmal nehmen wir ihn bewusst wahr, die meiste Zeit ist er ruhig und still. Wenn wir ängstlich sind, atmen wir schnell und flach. Wenn wir die Luft anhalten, nehmen wir im nächsten Moment einen tiefen Atemzug, der unsere Lungen mit frischer Luft füllt. Du siehst, dass der Atem ganz verschiedene Facetten zeigen kann und sich immer wieder neu den Begebenheiten anpasst. Damit hat er einiges mit unserem Leben gemeinsam, das ebenso vielfältig ist, sich ständig wandelt und doch immer bleibt. Du kannst sogar so weit gehen und sagen: *Leben und Atem sind ein und dieselbe Sache.*

Überprüfe deinen Atem in genau diesem Moment. Wenn du liest und dich in ein Buch versenkst, bist du vermutlich körperlich entspannt, aber geistig aktiv. Deine Atmung ist ruhig, verlässlich, gleichmäßig. Sie stockt nicht und gerät nicht aus dem Takt. Das ist ihr natürlicher Idealzustand, über den du noch nicht einmal nachdenken musst.

Setze dich ganz aufrecht hin. Gib deiner Lunge die Freiheit, die sie benötigt, um sich ganz mit Luft zu füllen Lege dir eine Hand auf den Bauch, die andere auf die Brust. Du atmest tief ein, deine Brust hebt sich. Wenn die Luft entweicht, senken sich Brust und Bauch wieder. Ist es nicht faszinierend, wie mühelos sie abläuft? Wie ein

Fluss, stetig und strömend, gleitet die Luft durch deinen Körper. Warum kann sich unser Leben nicht ebenso leicht und schwerelos anfühlen?

Doch genau das kann es. Deine Atmung läuft so ruhig ab, weil sie ihren perfekten Rhythmus gefunden hat. Ein Fluss fließt stetig und gleichmäßig, weil er das tut, was er am besten kann und wofür er bestimmt ist. Deine Lungen wissen genau, wie sie zu arbeiten haben, damit es deinem Körper bestmöglich geht und er Leistung erbringen kann.

Sobald du dein Ikigai gefunden hast und es auslebst, ist es, als hättest du die Gebrauchsanweisung für dein ideales Leben in der Hand. Alles läuft auf deinen Lebenssinn zurück, deine täglichen Handlungen ebenso wie deine übergeordneten Visionen. Äußere Einflüsse und Probleme bringen deinen Geist nicht aus der Ruhe, denn du weißt, wer du bist und wohin du möchtest.

Schluss

Du hast es geschafft. Wir sind gemeinsam am Ende dieses Buchs angelangt. Das Besondere an dieser Reise: Fortbewegt hast du dich nicht, denn du selbst standest am Anfang und am Schluss dieses Weges.

Und dennoch bist du nicht dieselbe Person wie zu Beginn, denn du hast viele neue Dinge kennengelernt, in erster Linie aber hoffentlich dich selbst. Womöglich kannst du nach der Lektüre dieses Buches sagen: *Das ist mein Ikigai. Deshalb stehe ich jeden Tag auf und darauf ist mein Denken und Handeln in völliger Harmonie ausgerichtet.* Vielleicht bist du auch noch nicht an diesem Punkt angelangt. Beides ist völlig in Ordnung. Das Leben ist eine niemals endende Reise zu dir selbst, ein endgültiges Ziel erreicht man wohl nie. Und dennoch sind wir in der Lage, dieses Leben zu dem besten zu machen, das wir haben können!

1. Wir wissen, wer wir sind.
2. Wir haben gelernt, wo unsere Stärken und Schwächen liegen.
3. Wir akzeptieren uns selbst.
4. Wir schätzen die kleinen Dinge des Lebens.
5. Wir bewahren innere und äußere Ausgeglichenheit.
6. Wir nehmen unser Schicksal selbst in die Hand.
7. **Wir spüren unserem Ikigai nach und hören niemals damit auf.**

Im Sinne von Laotse bleibt noch zu sagen:
Eine Reise von tausend Meilen beginnt unter deinem Fuß.

Zögere und grüble nicht lange, sondern beginne jetzt, genau in diesem Moment. Der erste und schwerste Schritt ist schon allein durch die Lektüre dieses Buchs getan, nun geht es stetig weiter. Und dabei sind diese tausend Meilen eine maßlose Untertreibung, denn die Reise deines Lebens ist noch unendlich länger und hält noch viel Unbekanntes für dich bereit. Einiges davon wird gut und erwünscht sein. Auf anderes wirst du wohl lieber verzichten. Doch wenn du dein Ziel fest vor Augen hast, wirst du alles zu deinem Vorteil nutzen können und gestärkt aus jeder neuen Erfahrung hervorgehen. Vergiss nicht: *Probleme überwältigen dich, doch du überwindest die Herausforderung.*

Eine Bitte noch...

Hat Dir das Buch helfen können? Vielleicht kennst Du die ein oder andere Person, die auch ihren Nutzen aus diesem Buch ziehen kann. Verhilf auch diesem Menschen zu seinem Lebensglück!

Verschenke ein eigenes Buch und bereite diesem Menschen eine Freude!

Möchtest Du uns unterstützen und gerne mehr von der Autorin lesen? Wir befinden uns gerade erst am Anfang und möchten mehrere Leser erreichen, wie auch mehrere Bücher zu ähnlichen Themen veröffentlichen. Es wäre unglaublich wertvoll für uns, eine Rezension auf Amazon von Dir zu erhalten.

Da uns der Kontakt zu unseren Lesern sehr wichtig ist, wäre es schön, wenn Du deine persönliche Meinung zu diesem Buch mit uns teilen würdest. Gehe dazu einfach auf Amazon unter „Meine Bestellungen" und suche das Buch heraus. Unter „Schreiben Sie eine Produktrezension" kannst Du uns und weiteren Menschen ganz einfach und bequem Deine Erfahrungen und Erfolge aus diesem Buch mitteilen.

Vielen herzlichen Dank. Wir freuen uns jetzt schon, von dir zu lesen!

Rechtliches & Impressum

Printed in Poland
by Amazon Fulfillment
Poland Sp. z o.o., Wrocław

85371414R00072